高中英语
"悦读悦写"课堂教学践行录

方 静 / 著

东北师范大学出版社
长 春

图书在版编目（CIP）数据

高中英语"悦读悦写"课堂教学践行录 / 方静著. — 长春：东北师范大学出版社，2020.8
ISBN 978-7-5681-7110-6

Ⅰ. ①高… Ⅱ. ①方… Ⅲ. ①英语课—课堂教学—教学研究—高中 Ⅳ. ①G633.412

中国版本图书馆CIP数据核字（2020）第163927号

| □策划创意：刘　鹏 |
| □责任编辑：孟宪威　贺小晓　　□封面设计：姜　龙 |
| □责任校对：刘彦妮　张小娅　　□责任印制：许　冰 |

东北师范大学出版社出版发行
长春净月经济开发区金宝街118号（邮政编码：130117）
电话：0431-84568115
网址：http：//www.nenup.com
北京言之凿文化发展有限公司设计部制版
北京政采印刷服务有限公司印装
北京市中关村科技园区通州园金桥科技产业基地环科中路17号（邮编：101102）
2022年6月第1版　　2022年6月第1次印刷
幅面尺寸：170mm×240mm　印张：12.5　字数：202千

定价：45.00元

目录 CONTENTS

第一章
教育研究

新课标下多模态的高中英语阅读与词汇教学整合 …………… 2
高质量的高中英语课堂 …………………………………………… 6
高中生英语学习评价的方法 ……………………………………… 8
高中英语报刊阅读教学研究 ……………………………………… 10
利用英语报刊阅读提高高中生的英语阅读能力 ………………… 14
2008年阅卷归来话广东省英语学科读写任务 …………………… 25
在高中英语教学中渗透批判性思维培养 ………………………… 32
重视口语教学，迎接2011年广东省高考英语新方案 …………… 35
中美两国教育比较的新视角——小班化教育 …………………… 40
英语"意群"认知结构的构建教学 ……………………………… 45

第二章
教育培养

深圳市龙城高级中学英语教研组创建深圳市"青年文明号"工作总结 … 50
例谈高中英语学科核心素养之学生思维品质的培养 …………… 53
用爱与真诚守望一生 ……………………………………………… 57
两岸风景皆美好 …………………………………………………… 61
穿越时空的网络课堂 ……………………………………………… 67
2008年高三英语备考策略 ………………………………………… 71
写作文一定不要忘记 ……………………………………………… 75

1

让学科带头人成为教研组的灵魂 …………………………… 80
教你用10~12句话完成一篇读写任务 ………………………… 83
从"广一模"分析影响英语得分的因素 ……………………… 92
一个夹子引发的自主学习革命 ………………………………… 94
迎世博英语演讲比赛 …………………………………………… 99
有关英语写作的一些"事儿" ………………………………… 108

第三章
备课策略

2011—2012年高三（3）班英语备考计划 ………………… 114
追求高中英语教学有效性的几点策略 ………………………… 116
2012年高三英语高考备考回顾 ………………………………… 121
高三常见心理现象 ……………………………………………… 124
结合阅读 提高写作 …………………………………………… 132
2011年深圳市高三第一次调研考试分析 …………………… 135
我和我的"问题少年" ………………………………………… 139

第四章
教育演讲

做教书育人的模范 ……………………………………………… 144
"不要做眼里只有分数的老师" ……………………………… 146
2018年平湖外国语学校的英语艺术节讲话 ………………… 148
好运气全靠努力 爱母校懂得珍惜 …………………………… 150
美丽的远方，风雨兼程 ………………………………………… 153
国旗下的讲话 …………………………………………………… 155
静心同行 ………………………………………………………… 158

争创深圳市"青年文明号"发言稿 ………………………… 160
守　护 …………………………………………………… 162
守护一方净（静）土 ……………………………………… 164

第五章
教 学 随 笔

一方净土地　一颗包容心 ………………………………… 168
我们的课堂该如何改变 …………………………………… 171
人在高三 …………………………………………………… 174
爱与不爱之间 ……………………………………………… 177
妈妈也是老师 ……………………………………………… 180
在台湾的日志 ……………………………………………… 182

附　录

来自孩子们自己的智慧的分享 …………………………… 188
短信，传递龙城师生情谊 ………………………………… 192

第一章
教育研究

新课标下多模态的高中英语阅读与词汇教学整合

《普通高中英语课程标准（2017年版）》（以下简称《课标》）一书，将学生的学业质量划分为三个水平等级。其中，学业质量水平二级标准对阅读能力评价的描述如下：能判断和识别书面语篇的意图，获取其中的重要信息和观点；能识别语篇中的事实与观点之间的主要逻辑关系，理解语篇反映的文化背景；能推断语篇中的隐含意义；能识别语篇中的内容要点和相应支撑论据；能根据定义给出的线索，理解概念性词汇或术语；能理解文本信息与非文本信息的关系；能在语境中理解具体词语的功能、内涵、外延以及使用者的意图和态度；能理解语篇中特定语言的使用意图以及语言在反映情感、态度和价值观中所起的作用；能根据所学概念性词汇或术语，从不同的角度认识和思考周围世界；能揭示语篇间接反映或隐含的社会文化现象。当我们反复阅读以上具体描述的时候，几个关键词便出现在眼前：语篇、语境、词汇、文化及情感。

高中英语学业质量水平既是指导教师开展日常教学的依据，又是进行阶段性评价、学业水平考试和高考命题的重要依据。"水平二"主要用于检测选择性必修课程的学习结果，它是高考英语命题的主要依据。那么，在新一轮高中课程改革的背景下，我们的高中英语课堂该如何将阅读与词汇教学相结合，让学生在阅读中掌握词汇，借助词汇提高阅读能力，进一步提高文化品格和思维品质呢？

一、在阅读教学中设计多样化的口语活动帮助学生综合运用目标词汇

加拿大著名语言学家斯温（Swain）在1985年提出了"输出假设"（Output Hypothesis）理论，它在语言习得中起重要作用。他认为单纯的语言输入对语言

习得是不够充分的，学习者应该有机会使用语言，语言的输出对语言习得同样具有正面的意义。口语活动是词汇学习的目的，是产出，实际上这一产出也是词汇学习的重要途径。通过合理的设计，学生在发展口语技能的同时，也能促进其词汇的习得。

1. 抓住不同文本的特点，设计有效的口语活动

文本是目标词汇的载体。为了设计出有效的口语活动来促进学生对目标词汇的运用，教师必须抓住文本的体裁和题材的特点。一般来说，记叙文类型语篇（包括小说、故事等）最大的特点是文本情节脉络清晰、语言生动形象，目标词汇往往出现在对故事情节及人物动作和心理活动的描写中。面对这样的目标词汇，教师可以设计复述、角色扮演、讨论等口语活动。议论文类型语篇，文章的观点和论证结构清晰、语言鲜明，目标词汇往往集中在提出观点以及观点的具体阐述中。教师可以充分利用这类体裁语篇的特点设计相应的口语活动，如辩论、演讲、自由讨论等。

2. 注重语用功能，创设真实的语言情境

词汇的学习不仅仅是对词汇知识的学习，更重要的是要掌握词汇的具体用法。只有了解在具体情境下如何使用语言，学生才能正确、得体地使用语言。英国语言学家卡特（Carter）提出，如果把一个单词的形式及其功能特征的综合体置于一个完整的词汇环境中来学，学起来就比较容易。贴近现实生活的语境能够帮助学生理解词义、识记词汇，并正确运用语言。因此，教师必须注重目标词汇的语用功能，尽可能地创设真实的、有意义的语言情境，设计口语活动，促使学生更有效地使用目标词汇。

二、科学高效地确定阅读教学中的目标词汇

阅读教学中的目标词汇是指教师根据阅读语篇教学目标确定的要求学生掌握的词汇。根据阅读语篇的不同教学目标，目标词汇有不同的含义。确定目标词汇是阅读教学中词汇教学的重要环节，决定着词汇教学的重点和难点、深度和广度，是词汇教学关键的第一步。

案例1：《牛津高中英语》S1B Unit 1 Reading—*The Phantom of the Opera*

● Yet, <u>this monster of a man</u> loved singing, and had a wonderful voice.

● He <u>kidnapped</u> her from the stage in front of the whole audience.

● Raoul tried to rescue Christine, but the Phantom captured him and put him in a prison.

● He released Raoul, and told him to take Christine to safety.

● They burst in, ready to kill him.

以上句子含有学生尚未学过的生词。monster一词能很好地体现文章主人公the Phantom丑陋的长相，而kidnap、rescue、capture、release、burst in则用于描述故事情节。这些词汇与文本主要内容密切相关，它们会给学生理解文本造成障碍，因此可列为目标词汇。

案例2：《牛津高中英语》Unit 3 More reading—*More places to visit*

本文中出现了access一词，它是一个高频词汇，应该被列为目标词汇进行重点学习，然而在牛津其他几册教材的课文中都没有再现该词，所以教师可以在讲解本单元相关内容阅读配套练习册的时候，再次将access作为目标词汇进行讲解，以增加该词的复现率。

三、在阅读教学的过程中和教学后检测词汇教学的效果

阅读教学过程中和教学后词汇教学效果的检验，是指教师在语篇阅读教学的过程中和教学后，通过课堂提问、做练习等教学活动，检验学生是否能够正确使用目标词汇，进而判断学生对所学语篇的理解程度。语言学家内申（Nation）在*Learning Vocabulary in Another Language*一书中指出：What we should be most interested in is procedural knowledge: learners' ability to use words receptively and productively when their focus is on the message that they are receiving or conveying. 学生能否在新的语境中正确使用目标词汇应成为阅读中词汇教学效果重点的检查内容。因此，除了最传统的英译中方法之外，教师可根据文本特点，在阅读教学过程中和阅读教学过程后尝试一些体现新《课标》、新课程改革的方法来检验词汇教学的效果。

案例3：*21st Century Teens—The Legendary Life of Qian Xuesen*

检验目标词汇：unthinkable，key

文中原句：These achievements would have been unthinkable without the contribution of Qian Xuesen, a key scientist on space programs and rocketry of the People's Republic of China.

学生在教师的帮助下理解了目标词汇 unthinkable 和 key 的意义，并用自己的语言解释整个句子，即将含有目标词汇的原句进行同义转述。

学生给出不同的答案，例如，Qian is <u>the most important</u> scientist for China's space programs and rocketry. Without him, it <u>would have been impossible</u> for China to have so many achievements.

显而易见，在同义转述的过程中，学生真正地理解了目标词汇与阅读文本的意义，这也训练了他们用英语思维进行表达的能力。教师还可以根据学生的同义转述及时检验和判断他们对目标词汇的理解。

总之，对于EFL（English as a Foreign Language）学生来说，学习词汇的重要性毋庸置疑。Without grammar very little can be conveyed, and without vocabulary nothing can be conveyed. 著名语言学家戴维·威尔金斯（David Wilkins）的这句话清晰地说明了词汇在语言交际中的重要性。作为一线教师，我们要仔细、反复阅读新《课标》，认真思考在新的背景下，时代需要我们培养什么样的学生，该如何培养学生，从而真正做到有的放矢，用新的理念打造科学高效的高中英语课堂。

参考文献

［1］中华人民共和国教育部.普通高中英语课程标准（2017年版）［S］.北京：人民教育出版社，2018.

［2］何亚男，金怡，张育青，等.高中英语词汇教学活动设计［M］.上海：上海教育出版社，2015.

2018年8月

高质量的高中英语课堂

在高质量的英语课堂中，教师不仅仅是teaching about English，而且是teaching about English language。所以，我们的英语课堂，要培养学生的核心素养，就要看得到学生的文化品格，看得到学生的思维品质，看得到学生的批判性思维。

我们的英语课堂往往将语言切割为单词、语法、篇章分析，而忽略作为整体的英语本身的美和运用。这样的课堂不是科学的课堂，更不是高质量的课堂。

一、备教材时要学会：删、替、补、改

备课，首先要备《课标》。教师要将教材与《课标》相融合，当教材与《课标》有出入时，教师要尽量以《课标》为准绳，对教材进行适量删、替、补、改，这样我们的材料才是高质量的（高质量的材料是高质量课堂的基石）。在高质量的英语课堂上，教师不是教教材，而是用材料去教。这些材料有模仿 *A red red rose* 的诗歌鉴赏，有对英国女演员爱玛·沃特森（Emma Watson）在联合国做的有关女权主义演讲的欣赏，有清华大学要求每个学生学会游泳带来的争论，等等。这样的课堂，是看得到文化、看得到语言在生活中的运用的。

二、课堂上要培养学生的批判性思维

传统的英语课堂，有太多低端层面的信息搜索（information searching）和模仿（imitation），而忽略了对学生批判性思维（critical thinking）的培养。批判性思维，无论是从应试的角度，还是从育人的角度，都具有重要的意义，特别是在新《课标》着重强调学生核心素养培养的大背景下，教师对学生批判性

思维能力进行培养就显得更加迫切和重要，而一节高质量的高中英语课堂的重要评价点就是教师是否培养了学生的批判性思维能力。

培养学生批判性思维的方式是多种多样的，从常规的教学环节看，brainstorm、group work、debate和after-class activity是比较常见和有效的方式。以外研版高中英语必修五的Module 5 A Life in Sport为例，在学生对著名体操运动员李宁的运动员职业生涯和商业经历有了大致的了解后，教师可以布置一个讨论话题："What should we wear, national brands or foreign famous brands？"这个话题需要学生有一定的生活阅历，他们能够结合自己和他人在服装穿戴上的不同理念进行批判性思考。在学生辩论的同时，教师的正确引导不可忽视。如果引导工作做得好，借助这个话题，我们能清楚地感受到英语教学在传承、传播中外文化方面的优势——使学生的批判性思维得到发展和锻炼，彰显我们的民族自信、文化自信和大国自信。

三、课堂上要培养学生好的习惯和规矩

高效的课堂应该是有规矩的，要将科学的教学方法和学生的学习习惯相结合。比如，学生回答问题不是照着书本念，而是合上书，组织自己的语言再输出；小组合作要求目标清楚、任务具体、责任明确，角色分配上责任到人，活动步骤一步到位；学生的笔记不是随意记的，而是有分类、有注释、有剪贴、有批注；等等。高效的课堂是要经过反复打磨的。

总之，高中的英语课堂，不再是简单地传递和迁移知识，而是将知识升华为智慧。我们的英语课堂，要看得到文化，看得到人性，看得到语言的本真，看得到学生的主体，这样才是高质量的高中英语课堂。

2017年11月

高中生英语学习评价的方法

评价是教育教学的目的性和计划性的重要体现,是教育活动的重要组成部分,对教育教学的发展起着导向和质量掌控的重要作用。新《课标》倡导"立足过程,促进发展"的课程评价,强调建立促进学生、教师和学校发展的评价体系,即发展性课程评价体系。

发展性学生评价的原则,既是指导学生评价工作的一般原理,又是对评价活动提出的基本要求。对学生的评价要遵循科学性、可行性、客观性、公正性和民主性的原则。这五项基本原则同样适用于英语课堂教学工作。

在高中生英语学习评价方面,主要有以下一些常用的方法。

一、课堂观察(class observation)

课堂观察是课堂教学评价最基本和最重要的形式。教师通过观察学生在课堂学习活动中的学习行为,为教学提供即时反馈,从而使评价真正成为教学过程中的一个有机组成部分,体现评价促进学生学习发展的目的。同时,通过课堂观察,教师能更好地了解学生交际语言使用的情况,更加有效地收集学生语言技能发展情况的信息。

二、面谈(interview)

面谈指教师就学习与学生进行的对话和讨论。通过面谈,教师可以了解学生学习过程中的感受和看法,如学生的学习动机和兴趣、对课堂所学知识和技能的应用、学习过程中的具体困难等。

三、利用问卷（questionnaire）

问卷是一种相对结构化和正式的评价方式，它可以在英语教学过程中定期使用。在教学开始前，教师通过问卷可以得知学生之前的语言学习经历、已有的语言知识、现有的语言技能水平等。教学结束后，教师也可以借助问卷了解学生的满意程度。

四、利用学习日志或周记（journal）

由于个性、文化背景及语言水平有差异，一些学生不愿意在课堂活动中公开表达自己。教师可以鼓励学生对学习负责任，学会自我评价。记日志或周记这种个性化的方式为学生提供了记录学习经历的机会。通过阅读学生的日志或周记，教师可以及时了解学生英语学习的需要及能力等方面的变化，从而更好地因材施教。

除了以上介绍的四种学生评价方法外，还有学习档案袋以及传统的常规测试法等。本人认为：教育改革，理念为先，尤其对进入21世纪的高中英语教学而言，评价占有相当重要的比例。教师要跟上新时代的脚步，借助多元化、互动化评价体系，完善自己的日常英语教学工作。

2016年5月

高中英语报刊阅读教学研究

(Study of English Newspaper-reading Teaching in Senior Middle School)

Reading is a receptive language process and is often the chief goal of learners in the countries where English is taught as a foreign language. It is the purpose and also the most important means of language learning. Reading teaching is considered to be one of the most important teaching processes in Senior Middle School English teaching. Most of the teachers have gained lots of experience on how to teach textbooks. But we should say that it is not enough only to depend on the students' textbooks, which cannot meet the needs of the development of the language. The reading materials are not fresh enough and do not have a great reading amount, which limits the students' reading ability indeed.

So, material selection has long been one of the most controversial problems in reading teaching. Although an agreement on this problem is hard to reach, one point has so far been commonly accepted that reading materials should provide readers with sufficiently new and useful information relevant to their reading goals. Currently available reading textbooks are undoubtedly well designed to present all kinds of authentic materials, yet some disadvantages still exist. So, many teachers have brought English newspapers into their English-teaching classes. English newspapers have many good aspects, such as interesting stories, vivid words and expressions. Students can broaden their vocabulary, enrich their reading experience, and stimulate their reading interest by reading English newspapers.

I. The disadvantages of the textbooks

As is well known, students read for different purposes, but they share one common goal, which is to improve some useful reading skills and grasp some information. Most of the information can be got through the textbooks. But with the development of English reading, students' textbooks have become a limit. So it is necessary to discuss and analyze the problems generally by the use of currently available extensive reading materials, especially English newspapers.

With so many extensive reading textbooks currently available, why do we still lavishly talk about the selection of materials taken from the popular English magazines or newspapers? The one hypothesis I would like to put forward is that the lack of learner authenticity, which is resulted from outdated information, is responsible for students' inappropriate response to the currently available extensive reading textbooks.

The disadvantages of the students' textbooks include:

1. Lack of authenticity

The textual materials chosen and proposed with great efforts appear to be rather unauthentic and uninteresting to the students and fail to attract them. As Winnie Lee says, some textual materials are not authentic because whether textbooks are authentic to the students depends not only on the agreement between the material writers' intention and the students' interpretation but also on the students' affective and cognitive responses to the materials.

Although the ways the materials presented to the learners are very important in making materials authentic, yet, the freshness, relevance and usefulness of the messages the materials carry are the most crucial. The world today is experiencing a boom of science and technology and various branches of knowledge in the corresponding fields. An incredible amount of new information constantly comes into students' daily life. What is new today may be out-of-date tomorrow. Quite a few reading passages in the textbooks were full of knowledge several years ago, which cannot provide students with messages of any interest and cannot meet their needs.

2. Information limitation

According to the English Curriculum Standards for High School (2003 Edition), students in high schools have been expected to master learning skills, especially reading ability. One point has so far been commonly accepted that reading materials should provide students with sufficient new and useful information relevant to their reading goals. The material selection is mainly bookmaker-centered rather than learner-centered with little regard to students' reading goals. So, some textbooks have become a barrier. They don't have enough vocabulary, the latest science technology information, which can not adapt to the NMET (National Matriculation Entrance Test).

Ⅱ. The advantages of the current popular newspaper articles

When hearing that teachers intend to bring some newspapers into English reading-teaching classes, some of my workmates feel puzzled, "Aren't our textbooks the authority?" "Is the newspaper language suitable to the intermediate learners?" "Does the newspaper have the readability?" Here, I intend to give several reasons to prove the acceptability of current popular English newspaper articles.

1. Acceptability

One of the reasons why I propose current popular English newspaper articles should be used as students' supplementary reading materials is that those articles are widely accepted by most students, who have different degrees of English proficiency and diverse educational backgrounds. On the other hand, the simple fact that the vocabulary and syntactical structures are used in the newspapers, in general, falls into the common core of English language and is closer to the forms of the simple daily speech and the neutral style of expressions than the language forms used in most of the literary works or academic writings. It also explains why popular English newspaper articles appear more acceptable to the majority of students. By making full use of them, both the teachers and the students can enrich their class-teaching and class-learning resources.

What's more, newspaper articles provide the students with a simple, precise, and poised form of expressions as well as a great number of up-to-date language materials to learn. Learners sufficiently exposed to the newspaper articles will certainly be trained to read more efficiently and express themselves with more flavor, fluency and vividness.

2. Updatedness

In fact, newspaper language opens up vast areas in the teaching and learning process, including a certain number of unfamiliar subjects or specific words, various concepts and the special structure of the text and quite a few stylistic devices, such as humor, irony, simile, and so on. They have great effect on students' reading comprehension and writing ability. They are what the students want to learn, especially those students who have a better learning ability.

In addition to what has been mentioned, the extensive reading, especially the English newspaper reading in the class of Senior Middle School is an activity which is more or less controlled by the teachers of reading. The teachers will screen out the unsuitable elements of texts and maintain those elements that fit in with the students' needs. The elements are relevant to their reading goals, and are suitable to their current linguistic competence.

Generally speaking, newspaper language is widely accepted, though it may have some terms that are difficult for beginners. It has no special difficulties for intermediate learners, especially the students who are ready for the NMET. The fact that these newspaper articles are used as texts is the best proof that newspaper language with some special terms can help students improve their English-reading levels.

参考文献

[1] 文秋芳.英语学习策略论[M].上海：上海外语教育出版社，1996.

[2] 胡春洞，王才仁.英语教学论[M].南宁：广西教育出版社，2001.

[3] 刘润清，胡壮麟.外语教学中的科研方法[M].北京：外语教学与研究出版社，1999.

2008年11月

利用英语报刊阅读提高高中生的英语阅读能力

——以 *21st Century Teens* 为例

2009年9月至今，我校从高中英语教学实际出发，把英语报刊阅读课纳入学校校本课程，以 *21st Century Teens* 为载体，每周在高一、高二年级安排一节报刊阅读课。根据三年的不断实践，我校将报刊阅读课归纳为三种模式：控制性阅读（以语言为中心的输入，language-focused input），半控制性阅读（以意义为中心的输入，meaning-focused input）和自主阅读（以乐趣为中心的输入，pleasure-focused input）。

一、利用 *21st Century Teens* 提高高中生英语阅读能力的理论背景

1. 理论背景

依据克拉申（Krashen）的"输入假说"和"情感过滤假说"，建构英语报刊教学模式。

20世纪80年代初，克拉申在《第二语言习得的理论与实践》中提出"语言监察理论"（The Monitor Theory）。克拉申认为，第二语言的学习依赖一种可理解性的语言输入。所谓"可理解性的语言输入"（comprehensible input）是指语言习得者听到或读到的可以理解的语言材料。这些语言材料在难度上稍微高于习得者目前已掌握的语言知识。克拉申又提出了"$i+1$"概念。"i"代表习得者目前的语言知识状态，"1"代表习得者当前语言知识状态与下一阶段语言知识状态间隔的距离，"$i+1$"代表习得者下一阶段可能达到的语言知识状态。克拉申认为，要想使学习者从目前的学习水平（"i"阶段）发展到较高的学习水平（"$i+1$"阶段），教师应提供略高于学习者目前水平的语言输入。为了使习得者有效地进行第二语言习得，克拉申提出，当前可理解的语言输入必

须具备：

（1）语言输入是可理解性的（comprehensible）。不可理解性的（incomprehensible）语言输入材料对于习得者而言，是一种干扰。

（2）语言输入是有趣的或相关的（interesting or relevant）。输入的材料越有趣、越有关联性，学习者越会在不知不觉中习得语言。

（3）语言输入必须有足够的输入量。要习得新的语言结构，仅仅靠几道练习题、几篇短文是不够的，需要有连续不断的广泛阅读和大量的会话才能奏效。

（4）语言输入不应该按照语法顺序编排（not grammatically sequenced）。第二语言习得的关键是要有足够量的可理解性的语言输入，按语法程序安排的教学不仅不必要，而且不可取。

克拉申同时指出，可理解性的语言输入对第二语言习得者来说是必要的，但不是足够的。有了大量的输入环境并不等于学生就可以学好目的语言，第二语言习得的进程还受情感因素的影响。也就是说，第二语言的"输入"（input）必须通过情感过滤才有可能被"吸收"（intake）。影响第二语言习得的情感因素主要有：

（1）学习者的学习动机，学习动机明确则学习动力大，学习效果明显。

（2）学习者的性格，自信、开朗、外向，乐于置身不熟悉的语言环境中，自我感觉良好的学习者进步快。

（3）学习者的情感态度，主要是指焦虑感。焦虑感较强者，内心压力大，情感屏障高，获得的语言输入较少；反之，则容易获得较多的输入。

2. 普通高中英语阅读教学现状

长期以来，阅读理解能力一直是高中英语教学中最受重视的内容，做好阅读理解题是高中生高考获得高分的关键。在实际教学过程中，我们培养学生的阅读能力，主要依靠中学英语课本中有限的阅读材料。其中可利用的资源十分贫乏，而且内容陈旧乏味，跟不上时代和信息社会发展的要求；文章词语数量也很有限，学生不能达到大量输入语言的目的，教学效果可想而知。此外，教师过于把学生禁锢在现有课本知识中，使他们处于整体的被动环境中，学生对教师所灌输的知识多采取被动接受的态度，这影响了学习语言的积极性及实际运用语言的能力。

《普通高中英语课程标准（实验）》（以下简称《课标》）对高中生的阅读能力和阅读量都提出了较高的要求，不仅要求学生具备一定的语篇领悟能力和语言解码能力，还要求学生提高阅读速度，增加阅读量，扩大词汇量。根据《课标》的要求，高中英语6级水平的学生课外阅读量应累计达到18万词以上，7级应累计达到23万词以上，8级应累计达到30万词以上。除英语教材外，学校和教师应积极开发和利用其他课程资源，如广播影视节目、录音和录像资料、网络资源和报纸、杂志等。

因此，结合"输入"理论及现阶段大部分普通高中英语阅读教学现状，就"如何在有限的高中三年时间内提高学生的阅读能力"这个困惑，我们教师明确了一致的方向——利用英语报刊这一开发价值较高的教学资源，结合教材语篇的主题，组织和指导学生进行报刊阅读活动，扩大学生的词汇量，调动学生的阅读积极性，提高学生的阅读理解能力。

通过英语报刊阅读课，我们想在培养学生英语语言技能方面达到以下预期目标：

（1）有广泛的阅读兴趣及良好的阅读习惯。

（2）除教材外，课外阅读量要累计达到30万词以上。

（3）能根据情境及上下文，理解不熟悉的语言现象。

（4）能阅读一般的英文报纸和杂志。

（5）能使用参考资料和工具书解决复杂的语言疑难问题。

二、*21st Century Teens* 报刊阅读课的指导思想

在设计报刊阅读课时，我们考虑了以下几个主要因素。

1. 课时安排

经过粗略统计，*21st Century Teens* 高中版每期报纸大概有10篇主要文章，词数在4200左右，建议阅读时间是60分钟。结合我校学生实际英语阅读水平和能力，经过多次在各个班级的实验，最终我们将一期英语报刊的阅读定为一节课（40分钟）加一个晚读（30分钟）模式，共计70分钟，每周一次。用一节课来阅读理解，利用晚读时间处理核心词汇和摘抄优美例句。

2. 阅读分层

对于报纸上的文章，我们不能一刀切，不同的文章要区别对待。*21st Century Teens* 是周刊，每期大概有6个固定的板块。Front page和Page 2多半是最

近一周的新闻；Page 3、Page 4和Page 5是教师处理板块，因为这3个Page涵盖校园生活、热点话题大擂台、英美文化和科普知识等方面；Page 6多是一篇温馨的类似心灵鸡汤式的英语美文，此类文章最突出的特点是经常出现高中《课标》要求掌握的3500个词汇。

我们根据文章涉及的考纲词汇数目、语法复杂程度、篇章结构、话题的生疏与否、内容的新颖程度等因素，将每期报纸的10篇主要文章分成核心推荐、重点推荐、一般推荐。对于不同的文章，在处理方式、时间和关注程度上都有所区别。核心推荐文章占2篇，属于控制性阅读；重点推荐文章占3篇，属于半控制性阅读；其余5篇文章和一些小栏目的零碎文章为一般推荐，供学生自主阅读。

3. 阅读方式

控制性阅读文章的主题多半是高中《课标》中提到的24个话题，如校园生活、个人品质培养等。控制性阅读模式中的文章所用词汇限制在考纲的3500词汇内，宜精读。在阅读过程中，教师起主导作用，控制阅读内容和阅读节奏；学生按照教师的安排和指令进行阅读理解。教师主要关注语言和阅读技巧的培养，如把握文章的结构、核心词汇、长难句、解题技巧等。在半控制性阅读模式下，教师挑选的文章涉及的话题多为中西方文化差异、英美文化、科普小知识等。因为该类文章词汇量相对较大、长难句较多，宜泛读，不宜精读。在此过程中，学生的阅读自主权变大，他们可以在规定的重要文章中，选择自己感兴趣的1~2篇来阅读理解，主要关注文章的main idea和作者的attitude，同时要求每篇文章至少摘抄10个好词汇和3个好句子，并能画出文章的框架结构图。阅读自由度最大的当然是学生自主阅读模式，话题多是文娱体育、笑话、最新电影电视节目、奇闻逸事等。此种阅读模式内容和方法更宽泛、更自由，且不需要完成任何的阅读任务，唯一的目的就是for fun and for pleasure。

三、*21st Century Teens*报刊阅读课的教学流程

我校给予英文报刊阅读课的时间为70分钟（一个课时加一个晚读时间）。据此，我们对控制性阅读、半控制性阅读和自主阅读做了粗略的界定：教师花15分钟教学2篇核心控制性阅读文章，学生花15分钟读2篇半控制性文章，花40分钟泛读和摘抄。

1. 控制性阅读

在以教师为主导的15分钟控制性阅读环节中，我们多采用和课本阅读课相类似的处理模式，简称PPPC模式，包括预测（prediction）、结构（pattern）、内化（personalizing）和语境（context）四个环节。这里重点对预测和结构两个方面进行介绍。

预测是阅读前的热身，是成功的阅读者应掌握的策略之一。教师利用英语报纸图文并茂的特点，传授学生根据标题预测、利用图片预测、根据主题句预测等技巧。

语篇理念下的阅读教学强调语篇结构和语篇语义的完整性，控制性阅读教学不能停留在对字词和单句的解读上，也不能停留在对语篇表层信息的理解上，而应该从语篇层次理解文章的结构，探寻语篇语境下的深层次意义。高中英语最常见的语篇形式有三种：

（1）概括——具体语篇模式。

（2）比较——匹配语篇模式。

（3）主张——反语篇模式。

一份英语报刊文章多达10篇，各类模式皆能找到非常恰当的实例。

以下为控制性阅读模式教师自制课件节选（见图1-1）。

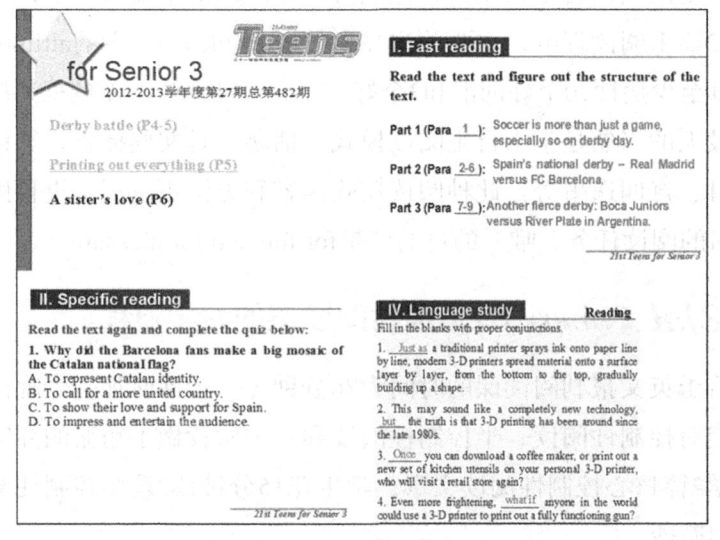

图1-1　自制课件节选

2. 半控制性阅读

半控制性阅读以学生选读为主要形式。首先，学生依据个人兴趣选择2篇文章来进行限时阅读，并完成相关的问题和阅读选择题。在整个环节中，教师仅仅核对答案及进行个别解释说明，并不做多余干预。然后，学生再从中选择一篇文章进行研读，通过上下文或借助词典解决生词难词、进行摘抄或者写读后感。最后，教师收集汇总学生们摘抄的词汇和读后感，印刷出来供学生分享。

以下为文章及某位学生写的读后感。

（原文来自2011年3月21日的报纸）

My victory against fear

The morning for our snowmobiling（雪上汽车）adventure finally arrived, and we set off on the hour-and-a-half drive to the resort. A fresh powder had fallen the night before, and everything was frosted（霜冻）white. We couldn't have asked for more perfect conditions. The sun sparkled（闪光）on the snow, and the trails（路线）were completely empty—not another person or snowmobile in sight. We were thrilled at being the only people for miles around... until we got going.

As we drove through the deserted wilderness（荒野）, my excitement became stone-cold fear. I had no idea what I was afraid of, or why I was afraid, but suddenly every turn, every hill, every steep side of the mountain scared me to death. I kept picturing us crashing headlong into a tree or falling off the side of a drop.

But after lunch things changed. We were the only humans who had been there since the snowfall. The peaceful place（幽静的地方）, the incredible beauty of the landscape, and the almost scary experience of sharing a mountain with the wildlife touched my very core（核心）. My mind cleared and quieted and my muscles relaxed.

As we drove the last leg of the run, I began to resent being afraid to drive. Deep down, I wanted to be in charge of the thing that scared me. It made me angry that fear was keeping me from something I really wanted to do. The day was coming to an end, and the resort was only a few miles away. I knew that if I didn't take my chance now, I would regret it.

I signaled for my husband to pull over. I wanted to drive, although my heart pounded (重击). I stared off slowly and felt the wind in my face. I smiled and sped up a little. I let out a "Yee-haw" and went full out, taking my husband on the best ride of the day.

We ended the day on that breathless, carefree, and I felt proud of myself—proud of overcoming my fear.

学生读后感：

Conquer Fear

By sharing with us her unforgettable snowmobiling adventure, the author, a brave lady, showed us that we can actually be powerful enough to be in charge of what scares us if we can conquer our fear.

We may have different kinds of fear in our life. Past failures, unforeseen future, mysterious things or people yet to know, all of these may cause fear. Sometimes we trap ourselves in fear because we refuse to take a risk. But only if we can conquer our fear, can we make our life our own adventures.

I remember a film I have recently seen, The King's Speech. King George VI suffered from an awkward stammer since his childhood, which became a problem for his official duty. After many inefficient efforts, help finally came when a language expert cured him by finding the origin of his fear and the courage within himself. The King successfully made his first fluent speech to inspire his people in the war against Hitler, which also became one of his many famous speeches later on.

So don't let fear ruin us. Find out what scares us and face it bravely. If we arm ourselves with courage and confidence, there should be nothing we dare not try.

3. 自主阅读

自主阅读是学生最喜欢的模式，因为时间由学生自己支配，阅读速度可快可慢，没有压力的阅读是最愉悦的。教师在这个环节要承担的任务是：

（1）保证学生阅读时间在40分钟之内。

（2）每期报纸发到学生手中，阅读之前做好导读工作。

（3）提醒学生注意阅读技巧（跳读、略读），注意英文报纸文章的特点——新闻标题、大量引述、长句、词汇等的特点。

（4）部分好文章，教师可提前设计好阅读笔记（填空版本）。

（5）教师全程不干预，仅维持秩序，或向求助学生进行个别支援。

以下为报纸文章填空版本节选。

（原文来自2013年4月高三第32期报纸）

PAGE1 Being your best self

让自己更优秀的自我管理秘诀。词数441，建议阅读时间6分钟。

What would you do if you _____（绑架）by a strong man on the way home from school because he thought you might be from a wealthy family?

This was exactly the situation _____ Wu Mutian had to deal with when he was 15. Instead of _____（overwhelm 使不知所措）by fear as most teenagers would be, the student from Lushan International Experimental School stayed calm. He pretended to be _____（obey 顺从）until the kidnapper _____（放下，放松）his guard. Then he seized the chance to rush into a small diner. Eventually he escaped the danger.

How did he do it? _____
_____（关键在于他能够非常好地掌控自己的情绪，这得益于他自我管理的好习惯）. Wu, now 18, describes all this in his new book _____（release）last month, *Self-Management*: *Be a Higher You*（《管好自己就能飞》）.

PAGE6 LOOK BACK 佳句回放　　让我们一起来回顾上期的佳句

一、高考制度：

1. 全身心地投入高考，我绝不会感到遗憾！
_____ the examination, I feel _____！（P3）

2. 最重要的不是我们失去了什么，而是我们得到了什么。
_____ what we lose _____ what we gain _____！（P3）

3. 换而言之，这场考试是我们给高中时代画上一个有意义的句号的方式。
In other words, the examination is a way to _____ our high school years.（P3）

4. 高考不能取消，但是改革十分必要。
The college entrance examination _____ but reforms _____ .（P3）

5. 这个考试应该改进为检测学生的创造力和实际动手能力，而不是将我们的心思都局限在死背知识上。
The exam should _____ test students' _____ and _____ rather than _____ our minds _____ only remembering "dead facts".（P3）

6. 毫无疑问，对于我们的全面发展，高考的弊大于利。
_____ the college entrance examination _____ .（P3）

四、结束语

实践证明，以*21st Century Teens*为载体是提高高中生阅读及写作能力非常行之有效的策略和途径。认真、持续开展报纸阅读教学班级使学生的英语能力，尤其是阅读能力，得到了长足的发展。

参考文献

［1］葛文山.课文教学中的任务设计——从2005年苏州市高中英语优质课活动谈起［J］.中小学外语教学，2006（6）.

［2］葛文山.高中学生报刊阅读中的词汇附带习得［J］.中小学外语教学（中学篇），2006.

［3］中华人民共和国教育部.普通高中英语课程标准（实验）［S］.北京：人民教育出版社，2003.

附1：

高中学生英语报纸阅读实验前问卷调查

1. 你获取信息的方式主要有哪些？（   ）
   A. 课堂　　　　　B. 报纸、杂志　　　C. 因特网、电视　　　D. 课外书本阅读
2. 你读过的英语报刊是？（   ）
   A. *China Daily*　　　　　　　　　B. *21st Century Teens*
   C. *Shanghai Students' English Post*　　D. *The English Learning*
   E. *The English Weekly*
3. 你阅读时口里念念有词吗？（   ）
   A. 经常　　　　　B. 有时　　　　　C. 不会
4. 你阅读时用你的手或笔指着阅读的材料吗？（   ）
   A. 经常　　　　　B. 有时　　　　　C. 不会
5. 你阅读时遇到生词就紧张害怕吗？（   ）
   A. 经常　　　　　B. 有时　　　　　C. 不会
6. 你阅读时根据文体和内容调整阅读方式和速度吗？（   ）
   A. 经常　　　　　B. 有时　　　　　C. 不会
7. 你阅读时能做到从全局着手注意细枝末节吗？（   ）
   A. 经常　　　　　B. 有时　　　　　C. 不会
8. 你阅读时会回头去阅读刚读过的词组和句子吗？（   ）
   A. 经常　　　　　B. 有时　　　　　C. 不会

9. 你阅读时一字一字地读，读一篇文章后不知作者所云吗？（　　）
   A. 经常　　　　　B. 有时　　　　　C. 不会
10. 你阅读过身边与你学校英语学习不相干的英语资料吗？（　　）
    A. 是　　　　　B. 无　　　　　C. 一点点
11. 你是否已感受到了英语阅读对你英语学习和考试的影响？（　　）
    A. 是　　　　　B. 无　　　　　C. 一点点
12. 你记得你曾经读过的英语文章的内容吗？（　　）
    A. 是　　　　　B. 无　　　　　C. 一点点
13. 你想努力在英语阅读方面有所改变吗？（　　）
    A. 是　　　　　B. 无所谓　　　　　C. 不会

附2：

2012年笔者所教班级部分学生高考成绩

姓名	语文	英语	数学	理综	总分	录取院校
谢×	125	141	130	284	680	北京大学
谢×宝	126	124	126	276	652	北京航空航天大学
谢×	117	133	127	271	648	北京邮电大学
罗×	110	133	134	264	641	北京邮电大学
郭×	104	125	134	260	623	北京邮电大学
谢×望	118	124	120	265	627	北京理工大学
刘×凌	124	137	121	248	630	南开大学
胡×杰	107	129	143	273	652	中山大学
罗×强	111	127	136	275	649	中山大学
叶×强	111	140	132	264	647	中山大学
刘×	111	137	125	269	642	中山大学
黄×敏	117	131	127	266	641	中山大学
林×	118	130	123	268	639	中山大学
管×键	114	137	130	256	637	中山大学
黄×健	111	135	124	264	634	中山大学
韩×磊	116	135	129	253	633	中山大学
杨×姬	131	136	120	243	630	中山大学
吴×彤	110	125	126	258	619	中山大学

续 表

姓名	语文	英语	数学	理综	总分	录取院校
林×璧	124	131	123	267	645	中山大学
梁×滢	113	139	123	261	636	中山大学
梁×豪	121	129	121	262	633	中山大学
邱×鑫	126	124	133	266	649	中山大学

该班级有49人参加考试，英语平均分131.5，最高分141。

2013年12月

2008年阅卷归来话广东省英语学科读写任务

2008年6月12日至20日，笔者有幸参加了2008年广东省普通高考英语学科阅卷工作，被安排批改读写一题。8天的阅卷使笔者收获和感慨颇多，特写此文与广大高中英语教师交流、共享。

《2008年普通高等学校招生全国统一考试大纲》（文科）是在"稳定中求发展"这一思想的指导下制定的，其中的"考试内容和要求"和"考试形式与试卷结构"与2007年的几乎一样。就写作一题而言，要求考生根据提示进行书面表达。考生应能：

（1）清楚、连贯地传递信息，表达意思。

（2）有效地运用所学语言知识。

广东省高考英语试卷中的书面表达题不是传统意义上的作文，它要求考生在给出的特定情境下按照特定的要求进行书面表达。

一、读写任务评分说明

"Preparing Myself for College Life"这个题目贴近考生的生活，引导材料清楚，考生不易跑题；写作内容的弹性很大，考生有尽情发挥的空间；内容符合考生的思维水平和语言表达水平，整体难度不大。

广东省考试院给阅卷老师制定的评分标准和说明如下：

本试题要求学生阅读一篇英文发言稿之后，写一篇英语发言稿，谈谈自己理想的大学生活，内容包括：概括发言稿；根据自己的经历发表对中学生活的感想；发挥想象力，描绘未来的大学生活（允许虚构）；概括现实的中学生活与想象的大学生活之间的差异，并思考如何适应这些差异。

在评分时，应该注意以下问题：

（1）按照评分标准，运用分析综合法评分。

（2）其中，Mike发言的要点包括：

Some basic life skills are necessary for a freshman to adjust himself to the college life.

Mike loved college, which offers students good facilities and rich activities.

To Mike, the important thing is to get himself active in things.

（3）写作的内容应该包括：

① 对中学生活的感受。考生可以泛泛而谈，也可以谈具体的某一方面。

② 想象中的大学生活。内容可以包括理想的大学、进大学前的心情（如兴奋、担心）、理想的大学生活（包括校园环境、学习环境、师生关系、社团活动）等。

③ 概括中学生活与大学生活之间的差异，比如，大学生活更加丰富、更加自由，或大学生活更加富有挑战性、更加需要独立性，等等。

二、考生暴露的问题

1. 审题出错

（1）文体方面

题目要求写一篇发言稿，这就对写作的格式和语气有特定的要求。部分学生写成演讲稿。例如：

Dear friends,

My name is Lily. Just now, we listened to Mike's speech...

但是，阅卷组委会本着"以人为本"的原则，要求阅卷老师多看考生写作的内容和功底，对于部分写成演讲稿的考生仅仅酌情扣分或者不予扣分。

（2）人称方面

概括部分，学生将Mike写成she，或者用第一人称、第二人称，而不是用第三人称he。例如：

Mike mainly tells us her first year of college. She got homesick. But if we can take part in many activities, we can learn a lot.

（3）时态方面

本篇写作的基调时态应该是从"过去时"向"现在时"和"将来时"转

移，需要考生有扎实的时态知识和较好的语篇能力，但是部分学生时态使用混乱。例如：

When I was a student in a high school I lives at home. Because of this, I was depended on my parents. They did all things for me, which made me independence. I love my life of high school, but I am not satisfied with the few skills I have. So I expect to go to a good college.

在这个描述中学生活的段落中，此考生将"现在时"和"过去时"穿插使用，让人读了感觉前后矛盾，糟糕的基本功暴露无遗。

2. 词汇过于简单

在8天的阅卷时间里，笔者大概批改了2300多份试卷，发现能用到freshman这个词的考生不足30人。一些非常好的动（名）词、短语，如arrange、overcome、cooperation、have a deep impression on等，出现的频率也不是很高。我感觉考生还是在大量使用新课改之前的旧词汇，未能充分灵活地使用新《课标》上的3500个新词汇。例如：

...I think the life of my high school is wonderful. I could make a lot of friends and we talked with each other and helped each other. We feel very happy. I had learned a lot of basic life skills and I realize I have to handle the things.

此段文章只会让读者觉得作者不像是一名在高中的教室里读了三年书的学生，水平更像是一名初中生。一口气读下来，评卷老师未见到一个新《课标》要求的高档词汇，或一个复杂的句式，其中甚至充斥着若干时态错误。这样的写作根本无法让阅卷老师给出基本合格的分数。

3. 句型单调，未能体现出高中英语教学中的重点语言项目

高中三年英语语言教学的一个重要板块就是句型教学，其中包括各类从句、倒装句、强调句等复杂的句式。如果一位考生能在自己的作文中灵活自如地借助以上句型，顺利地表达自己的思想和情感，他的文章肯定能得到阅卷老师的认可和欣赏。但是，还是有相当一部分考生对句型的掌握不尽人意。例如：

I will graduate from Middle school soon. I look forward to college life. In Middle school, I have learned many things, such as knowledge, how to get on others, how to choose a right way to my future, and so on. I can't forget the life in Middle school. I hope to go to college to learn more knowledge. In it, I can learn something useful.

27

此段共由6个单句构成。几乎全部都是最简单的"主语+谓语"的形式，无论是句型的多样性、句型的变换，还是词汇的丰富性，都未能体现出新《课标》下8级写作的水平。

4. 考生对话题没有自己的见解

考生对给予的话题没有自己的见解，对问题和现象的分析未能达到一定的高度。

新《课标》中对高中生目标进行了总体描述，8级的要求是：有较强的自信心和自主学习能力，能就熟悉的话题与讲英语的人士进行比较自然的交流；能就口头或书面材料的内容发表评价性见解；能写出连贯且结构完整的短文；能自主策划、组织和实施各种语言实践活动，如商讨和制订计划、报告实验和调查结果；能有效利用网络等多种教育资源获取和处理信息，并根据需要对所获得的信息进行整理、归纳、分析；能自觉评价学习效果，形成有效的英语学习策略；了解交际中的文化内涵和背景，对异国文化采取尊重和包容的态度。8级中关于写作的要求有：

（1）能将所读文章进行转述或写摘要。

（2）能根据所提供的文字及图表信息写短文或报告。

（3）能写出连贯且结构完整的短文，叙述事情清楚或表达观点和态度明确。

（4）能在写作中做到文体规范、语句通顺。

尤其是第三点——叙述事情清楚或表达观点和态度明确，非常能体现考生思维的高度和深度。哪个考生对问题的分析和考虑越成熟、越深、越透，就越能获得评卷老师的认可。可惜，大多数考生对任务给出的话题只能停留在字面进行肤浅的评论，无法得到高分。例如：

I hope my college life can be as wonderful as my middle school. I don't have to do much homework. I can do what I want. I still will make many friends and join many pubs and clubs.

又如：

I hope I can enter a college which has good equipment and good library. In this way, I can make my body stronger and meet a lot of friends. I also can open my minds and widen my horizons.

从以上两份考卷中我们可以看出，考生只能借助阅读材料中已经展现的关于中学生活和大学生活的区别,再一次重复,基本上都是大话、空话、套话,没有一点儿自己的见解;对于即将展开的大学生活,他们也没有自己的思考和规划,像这样的人云亦云,是不可能打动阅卷老师的。

5. 抄袭原文,书写混乱

在2008年的评卷中,阅卷老师依旧发现了不少交白卷、完全抄袭原文的考卷。从电脑中显示的数据看,600多名批改读写任务的教师平均每位给出100多个零分。有部分考生的书写实在糟糕,涂改严重,字迹潦草,无法辨认。这也是全省此题平均分11.33的直接原因之一,希望引起教师们的关注和重视。

三、备考建议

首先,笔者向教师和学生展示一份样卷。该考生的作文,被评卷组的专家给出24分的高分(见图1-2)。

> Preparing Myself for College Life
>
> At first Mike didn't adjust himself well to the college life because of the lack of basic life skills and homesick. However, he got himself active in things and gradually enjoyed his new life.
>
> It is obviously obvious that high school life is quite different from college life. We generally study the basic knowledge and seldom work out a project by ourselves. Additionally, most of us live with our parents and we aren't independent enough to live alone. High school life is more simple than college life.
>
> However, college life is more challenging and colourful. An ideal college life is is meaningful and full of challenges. Students not only study their own majors but also learn how to realize their dreams. They meet more new friends and gradually go into the real society.
>
> I enjoy my high school life a lot, which enable provides me with lots of useful skills and valuable experience. But I discover that I still lack some important life skills, which requires me to improve myself. In order to adjust myself to the coming college life, I decide to gain more knowledge about the society and life skills. I will try my best to become an independent and mature college student.
>
> All in all, I'm looking forward to the new college life. I will prepare myself well and make improvement bit by bit.

图1-2 样卷

从此篇作文中,我们看到的不仅仅是考生优雅、整洁、清晰的卷面,还能从字里行间感受到考生的写作水平和功底。专家给出的24分也是一种暗示,即什么样的作文才是评卷专家认可的好作文。那么,我们在以后的高中英语教学中该如何辅导学生的写作呢?

1. 识记并运用各类高档词汇、句型

考生的内心活动和情感态度全靠一个个句子表达，而一个个句子又是由变化的句型和地道、准确的词汇组成。考生想得高分，没有高档的词汇和句型的支撑是无法成功的。在高一高二进行模块教学的时候，教师们应当尽量多地给学生介绍《课标》中新词汇的使用，以及收集整理高中阶段重要的、基本的、典型的句型。

2. 传统的单句翻译不可放弃

英语的写作基本功是什么？从高考的阅卷中可以得出结论：书写和句子。英语写作能力并不是一朝一夕形成的，它是一个由浅入深，由易到难，循序渐进，一环紧扣一环的训练过程。句子是文章最基本、最重要的单位。句子的正确表达是书面表达最基本的要求。因此，一定要训练学生写完整的句子，至少要会写主谓结构的句子。在此基础上，再加入一些适当的连词、过渡句等。卷面的整洁在高考中尤为重要，因为评卷老师首先是从卷面来确定其得分档次的。高考评卷老师对一篇作文的判定时间以秒来计算，速度之快可想而知。要在如此短的时间内做出判断，靠什么？大家可以思考。从进入高三的第一天起，教师可以布置学生每天翻译3~5个句子，集中写在一个本子上，积少成多。重点的句型反复练习，这样可以使学生形成强烈而深刻的印象，在写作中他们就能信手拈来，运用自如。

3. 以读练写

写作是综合能力的体现。一个考生能写出一篇优美、地道、顺畅的文章，他的英语综合能力不容忽视。以写练写肯定是不够的。教师可以借助其他的题型促进学生写作能力的提高。阅读是一种很有实效性的方法。一篇阅读文章，在做完5个阅读理解的选择题之后，仍然可以拿来二次使用。很多阅读文章，结构严谨、框架合理、布局严谨；作者阐述犀利、到位，举证有力实在；文章言简意赅，于简单处见真情，字里行间一个个美妙的句型和词汇喷涌而出，随处可见。在日常的教学中，教师要有意培养学生的写作能力，教会学生如何发现美、审美、收集美、创造美，由欣赏到模仿，再到独立写作。唯有大量输入，才能自由输出。

4. 培养学生的思维能力

高考不是中考，它是选拔性考试，谁的思维缜密、逻辑严谨、思考深刻，谁就能在这场激烈的拼杀中脱颖而出，拔得头筹。英语教师应该在模块1~8的新课传授中，带领学生将每个模块中涉及的话题一个个研究透、说透，分析到位，而不要等到高三的时候一时间觉得要做的事情太多了而找不到重点，或者各个都想抓，每个都抓不到。

语言能力不是一天两天的工夫就能提高的，需要教师和学生一起持之以恒，多写，多练，做到在写中学，在学中写，从而达到有效写作的目的。以上是笔者参加2008年高考阅卷的一点儿心得体会，仅借此抛砖引玉，不妥之处敬请谅解。

2008年7月

在高中英语教学中渗透批判性思维培养

批判性思维，无论是对英语教学，还是对其他学科的教学，无论是从应试的角度，还是从育人的角度，都具有重要的意义。任何一位教师，如果认为批判性思维很重要，就需要面对一个问题，那就是知识的获取方式，因为批判性思维应该是在获取、理解和应用概念、建构想法的过程中逐渐形成的一种非常有实际意义的思维方式。从这个角度讲，中学语言教学自然要承担起一部分责任，培养学生成为自己思维的主人，特别是在新《课标》着重强调核心素养培养的背景下，学生批判性思维能力的培养就显得更加迫切和重要。

一、批判性思维是英语教学需要培养的能力之一

与其他语言能力一样，批判性思维是英语教学产出的结果，而不是英语教学的目标。英语教学的最具体目标是培养学生的语言综合运用能力。英语教学应该通过培养学生得体使用英语的能力、用英语获取信息和处理信息的能力、用英语分析问题和解决问题的能力以及批判性思维的能力等一系列能力，提高学生的语言综合运用能力。就高中英语课堂类型来说，听说课和阅读课更适合进行批判性思维能力的培养。

如外研版高中英语教材必修五 Module 2 中的 Listening and Speaking 部分有两段听力材料，都是关于 Claire 和 Interviewer 之间的求职对话的内容。在听完 Part 1 的对话后，教师设计的问题通常是What job is Claire applying for 之类的基本信息理解问题。基于 Part 1 对话中提供的信息，笔者设计如下任务：Before you listen to Part 2, write a question or some questions that Claire could ask the manager. 这样的任务基于学生对 Part 1 的语言输入，并能有效地激发学生的

批判性思维，因为不同的学生能想到的问题肯定会有差异，而问题的差异又会进一步促进批判性思维能力的培养。在让学生带着自己设计的问题听完 Part 2 后，笔者再次创设一个有关批判性思维的问题：Did Claire ask the questions you think of? 这样的听说课，学生能够有效地获取信息、加工信息，并能利用这些信息和自己对求职场景的语言积累以及生活体验，培养批判性思维。

二、阅读课是培养学生批判性思维能力的主要课型

以人教版《高中英语》选修七 Unit 2 *Robots* 中 *Satisfaction Guaranteed* 一课为例。该文本是能够培养学生批判性思维能力的阅读文本。教学时，在学生通过阅读获取相关信息的基础上，笔者给学生设置了有助于激活批判性思维的问题。例如：

Is it reasonable for Claire to fall in love with Tony? How can the robot be improved? What's the side-effect of the development of robots?

对于这样的问题，学生通过独立思考、小组合作等方式，逐步养成用批判的眼光理解和看待问题的习惯。

阅读教学中有很多提取、归纳和整理信息的行为，如果能够给这些行为设计好现实生活中的情境，它们会是非常好的训练批判性思维的契机。这样可以让学生懂得任何结论都是需要基于足够的证据才能得出的，而只有那些有依据的结论才是有意义的，才能帮助人们做出更明智的选择和判断。

除了利用好教材里面的阅读文章，其他各种泛读材料也是培养学生批判性思维的好媒介。比如*21st Century Teens*报纸阅读，对英语原著阅读后的人物性格分析，英语新闻阅读，读后续写，等等。在高中英语阅读教学的三年整体规划中，教师要教的不应该仅仅是解题的技巧和如何得到一个正确的阅读理解题的答案，而应该培养他们的批判性思维习惯。千万不要功利性地让学生做题、选答案，而应该从高一的第一天起，让学生手捧一本英语阅读材料。它们可以是英文原著简易版，可以是一张适合高中生英语能力的报纸，抑或就是我们的人教版、外研社版本的教材。我们带领着学生，一句句、一篇篇，真正地读懂、读透，读后静静地思考、品味，然后，拿起笔写上那么几句。我觉得，这才是英语教师和学生理想中的高中英语课堂吧。

三、在语法教学中培养学生的批判性思维

中学阶段最重要的一些语法项目的教学任务都出现在高中阶段。这个时间段学生已经有了一定量的阅读体验和比较高的认知能力，在阅读实践中也看到过很多次某些语法项目在语境中的使用情况。在这种情况下，我们的语法教学如果还只是单纯地讲解语法的形式、功能等，然后让学生做题，这是很可惜的一件事。短期效果可能有，但是长期效果很差。最重要的是，学生只是被动地去做记忆以及信息的碎片化理解等低层次的认知活动，没有一个思维和认知的建构过程，这是很可惜的。

那么，应该以何种方式在英语教学中培养学生的批判性思维能力呢？

总之，培养学生的批判性思维能力对教师的挑战很大。有时候，教师本身的思维模式就是固化的，这有可能限定学生思维延展的界限。教师在思想开放的同时，也要研究《课标》，这是一条教师自我培训的捷径。在做教学设计时，教师要搭建好必要的脚手架，遵守一些基本的教学原则，还要提供必要的学习策略，借助各种师生互动的环节，培养学生的思维品质、文化品格，让学生真正地了解和感悟英语这门语言的内涵和魅力。

参考文献

［1］中华人民共和国教育部.普通高中英语课程标准（2017年版）［S］.北京：人民教育出版社，2018.

［2］梅德明，王蔷.改什么？如何教？怎样考？［M］.北京：外语教学与研究出版社，2018.

2018年11月

重视口语教学，迎接2011年广东省高考英语新方案

一、背景新闻

2011年广东省教育考试院宣布，高考英语听力与笔试分开，听力与口试合为听说考试。该方案指出，2011年英语学科将分为笔试、听说考试，分别组织考试，合并计算成绩，构成一个完整的测试体系。2011年起，英语学科笔试与听说考试合计满分值为150分，其中听说考试占英语学科总分的10%。以后，听说考试成绩占英语学科总分的比例视实施情况适当调整。

《普通高中英语课程标准（实验）》［以下简称《课标（实验）》］中明确指出在高中阶段对学生"说"的教学培养目标是，通过使学生参与大量说的活动培养口头交际的能力，同时通过口头交际培养学生的语言能力，使学生掌握应有的会话技巧，使学生了解交际与文化的关系，进而在交际中锻炼思维能力。在广东省的普通高考中，对口语的评估主要采用的是人机对话的模式，成绩只作为高校录取的参考。从2011年起，英语学科笔试与听说考试合计满分值为150分，其中听说考试占英语学科总分的10%。这就意味着口语将正式纳入必考项目。俗话说，兵马未动，粮草先行，不打无准备的仗。高中阶段的口语教学应该引起广大英语教师的重视。

口语教学的根本目的是培养学生连贯自如地表达思想、进行口语交际的能力。影响口语交际的因素有文化知识因素、动机因素、听力理解因素、个性因素、语言环境因素等。因此，在口语教学设计中要注意：

（1）重视输入，在听的基础上发展说的能力。

（2）在课文教学中注意语言形式和交际活动的平衡。

（3）正确处理准确与流畅性的关系。

（4）创设良好的语言学习气氛，鼓励学生用英语表达。

2010年笔者任教深圳市一所区级高中的高一年级。在区教研室教研员的带领下，笔者和同事们积极应对2011年高考新方案，开动脑筋，将新课程新理念与教学一线实践相结合，创造性地开发了多种培养学生口语能力的教学方法。

二、热身活动

每节课开始的3~5分钟安排说的活动。

热身活动是一项长久的口语活动，为了保持话题的新鲜感，激发学生的学习兴趣，我们采用了多种活动方式，每隔一段时间就更换一次。

1. 话题与学生日常生活和学习相结合

开学之初，话题为"My first week in ×××High School"；军训归来，话题转为"Unforgettable military training"；要考试了，话题就是"To prepare for the mid-term exam"。这样一个学期下来，学生身边发生的大大小小事件都被搬上了课堂。学生们觉得话题新颖，与自己息息相关，做到有话能说，有话要说。

2. 话题与时事新闻挂钩

每天给学生准备一条英语新闻，出处多为各大主流媒体网站的英文版面，话题涵盖时政、体育、教育、科技、文化、经济等。学生现场朗读、断句、记下重要的词汇和句型，日积月累，集腋成裘。

3. 学生自荐短文

每天上课前，安排一名学生向全体师生大声朗读一篇英语短文，题材多样，可以是寓言、幽默故事或名人名言等。学生按学号轮流值日，并提前将文章中的好词好句摘抄在黑板上，待老师做综合点评和讲解。

4. 24个话题抽样训练

《课标（实验）》将书中8个模块划分为24个话题，为了使学生尽快熟悉这24个话题，笔者将24个话题做成24个书签，在每个书签上写下一个话题名称，如"Healthy eating" "Hobbies" "Environment protection" "Science and technology" "Art and culture"等等。提前一天安排一名学生抽签选取第二天要演讲的话题。这样，一期、两期下来，全班学生不但自己能讨论其中若干个话题，还能将所有话题逐一听完，并得到教师及时的点评，进行归纳和提升。

三、口语与阅读课相结合

口语能力的培养可以通过多种途径来完成，其中最基本的渠道就是课堂教学。高中英语常规教学课，多半以阅读课为主，那么教师可以将口语训练与阅读课完美结合，做到强强互补。高中学生有较强的理解能力和思考能力。因此，教师要鼓励他们在读懂文章的基础上，利用所学知识来支持自己的观点，并口头表达出来。教师要尽量利用现有的教材，设计多种与课文有关的活动和任务，做到"一石二鸟"——既检查了学生的阅读效果，又锻炼了学生的口语表达能力。

1. 培养提问能力

提问能力是交际能力的一个重要组成部分。在英语口语教学中，教师应大力提倡学生问、学生答，以及学生问、教师答。这样，课堂回归学生，学习的主动性掌握在学生手中。比如人教版《高中英语》必修二的Unit 1阅读课文"In search of Amber Room"，教师可以安排学生就"Amber Room"的来历、构造、流失、回归与否，根据课文内容设计若干个问题，以小组合作的形式互问互答。以下是学生自行设计的部分问题：

Do you know anything about Amber?

Do you think cultural relics should belong to a single person or the country?

Some old buildings, valuable vases and pictures, ancient temples are famous cultural relics. How about some traditional festivals, folk music? Are they also cultural relics? Why?

这样，学生不但学会自主学习，互相帮助寻找答案，熟悉课文大意，进行深层次理解，同时培养了就一个或几个情境进行连贯提问的能力。阅读与口语的有机结合，使学生的口语能力得到大幅度提升。

2. 培养情境对话能力

情境对话指的是教师借助课文阅读，为学生创造情境、营造氛围，让学生用英语交流思想、信息、情感等。教师在整个情境中扮演课堂的组织者、控制者、提示者和观察者等多种角色，学生活动形式多为role play、interview、 discussion、report、survey等。如人教版《高中英语》必修一Unit 5阅读课文"Nelson Mandela—a modern hero"一文的阅读任务完成后，教师可设计一项interview的口语训练活动。让一位学生扮演Mandela的好友Elias一角，另外几位扮演游客，Elias回答游客们的提问，向游客们介绍当年和Mandela共处的日子，宣讲Mandela的伟大人格魅力。通过这样的一问一答，学生们既巩固了课文中的句型及词汇，又将输入头脑中的书面信息巧妙灵活地以口头信息的形式进行再一次输出，在这不经意的"输入—输出"循环中，学生的能力得到提升。

3. 培养复述能力

复述分为机械性复述（借助过渡词、图示、关键词组织语言）和灵活性复述（无任何提示，学生自由、独立复述等）。有语言专家指出：学习语言，复述课文比背诵课文更加有效。笔者也非常认同此观点，因为在复述课文的过程中，学生要将文中的若干信息进行筛选，剔除次要信息，留下主要信息；要组织语言，注意句与句之间的逻辑性、连贯性；在行文的过程中，要注意时态、人称等的一致；要适当选用课文中的好词汇、好句型，或用已学过的词汇代替文中的原词，而不是全文照搬。如此这般，学生们熟悉、了解并巩固了课文，在说的过程中又复习了阅读中学到的语言文化知识，不会觉得任务艰巨、无话可说，从而使语言综合能力得到锻炼。

四、在完成听的任务中提高说的水平

"听"是人类的一项基本技能。在英语学习中，听、说是不分家的，它们一起构成了人类社会重要的交际手段。高中的英语听力教学，不能只停留在"放放磁带，对对答案"的阶段。许多与生活密切相关的听力话题和材料要充分利用和挖掘。听力教学的主要任务是帮助学生提高语言信息的接受和理解能力，而理解和表达是交际的两个方面，它们之间的作用是相辅相成的。教师在听力课上既要突出重点——听的能力的提高，又要注意听说的捆绑效应——将听与说结合起来，克服以往单纯听力训练的单一性。比如在人教版《高中英语》必修一Unit 5阅读课文"Elias' story"中，可设计如下任务：

Task：Work in pairs according to the following situation. Several years later, Elias and Nelson Mandela met in "Robben Island". They recalled many lovely old days. They greeted each other and talked a lot. Make a dialogue. S1 is Nelson

Mandela and S2 is Elias.

教师设计情境，假设学生是Elias和Nelson，让学生之间进行对话。

通过听的训练，学生对课文内容有了基本的了解，可在听的基础上围绕听的材料进行说的训练。在对话之前，教师应帮助学生回顾和整理一下已获取的信息：

Nelson told Elias how to get the correct papers so he could stay in Johannesburg.

Elias joined the ANC Youth League organized by Nelson Mandela.

Elias helped Mandela blow up some government buildings.

They both shared a dream, which is to make all the white and black live together in harmony and equally.

在教师设计的情境中，两人多年后在狱中相遇，回忆当年的事情。学生在娓娓道来中，借助听力材料的二次利用，将听与说的训练有机结合，促进语言综合运用能力的全面提高。

五、小结

作为语言学习，"说"的行为发生在课堂上下，贯穿于教学内外。笔者抛砖引玉，介绍了几种常用的课堂上训练说的方法。其实，还有很多有效的方法，如背诵新概念课本、朗诵比赛、英语美文诵读大赛、寝室英语日等等。因此，我们不仅要通过专项训练，还要努力在每天不经意的说说、听听、练练中，切实提高学生的口语交际能力，为2011年广东省的高考改革方案提早做充分的准备。因为我们知道：高考不仅仅是高三一年的任务！

参考文献

［1］中华人民共和国教育部.普通高中英语课程标准（试验）［S］.北京：人民教育出版社，2003.

［2］徐永初.新课标高中英语必修课教学设计课例研究［M］.上海：华东师范大学出版社，2005.

2010年12月

中美两国教育比较的新视角——小班化教育

2012年10月22日至11月26日,我有幸参加了深圳市第21批赴美海培班暨校长考察班。我们一行22人,在美国罗得岛州的布朗大学进行了为期一个月的访问学习。在美国的30多天里,我们在布朗大学教育系聆听了专家们精彩的讲座;走访了10余所初高中、职校,与多位校长交流;拜访了哈佛、西点、普林斯顿等世界著名高校,可谓收获颇丰。

深入校园,走进教室,面对师生,我们能够更直观地了解美国的基础教育,掌握一手资料。一路走来,一路反思,美国先进的科学技术、多元包容的文化、开放自由的理念等等,这些都给我们留下了深刻的印象。其中,最让我有所感悟的是美国各类学校的小班化教育,它能够让教师更加关注每个学生个体的发展和需求,更有利于实现教育公平,培养精英,保护和发现优才和奇才。

小班化教育,英文名为Class Size Reduction(CSR),顾名思义,是指减少班级人数、缩小班级规模、降低师生比例的教育,它以有利于教师教学质量和学生学业成就的提高为目的。它是当今美国实施的最热门,也最有争议的一项教育改革措施,被称为"教学领域的一场革命"。美国小班化教育对我的启示如下。

一、小班化教育有利于学生个性发展

我们先后走访了10余所初高中和职校,有公立、私立、男校、特许学校。虽然学校的办学方式不同,但是有一个共同的特点,即班级规模很小。每个班平均不会超过12名学生。

通过深入教室、走入课堂,我们掌握了很多一手的资料。我能明显地感觉到,在小班化教育中,教育者既能充分地以自己的人格、个性影响每个学生,又能充分考虑每个学生的兴趣、爱好、特长,给不同的学生提供更多的选择和实现自我价值的机会，使其个性得到最充分的发展，具体表现在：

（1）尊重个体自由发展。

（2）创设生动的学习机会。

（3）加强情感的熏陶。

二、小班化教育有利于学生全员发展

小班化教育由于班额的减少，每一个学生都成了教师关注的对象，都能均衡地得到教师的关怀和辅导。教师能够深入地了解每一个学生，剖析学生的长处和不足，在教学中扬长避短，并把有针对性的指导及时送给最需要指导的学生。在教学上，课堂不再有整齐划一的教学目标，教师的教案设计呈现层次化以及个案化，这使不同水平、不同发展倾向的学生都能受到恰当的教育，从而实现真正意义上的因材施教。

三、小班化教育是变革课堂教学形式的好举措

小班化教育改变了传统教学模式单一的状况，改善了教学中的人际关系，从而可以创建师生之间、生生之间相互交往、相互影响的生动活泼的活动教学、情境陶冶教学、游戏学习教学等新型教学模式。教师将每一个学生都当作一个有独立人格和无限潜能的人，以学生的发展为本，尊重、关心、理解、信任每个学生，相信他们都有追求成功的心理倾向。在此基础上，教师努力营造生动活泼的教学气氛。在设计教学活动中，教师顺应学生好奇的天性，不断求新求变，让学习多姿多彩，使教室洋溢欢乐气氛。分组教学是小班化教育的主要组织形式。在合作中竞争是小班化教育始终倡导的，它促进了学生之间的团结协作、相互激励和默契配合。

四、小班化教育中的师资数量与质量问题

小班化教育会涉及两个问题，一个是小班化与教师数量问题，一个是小班化与教师质量问题。如何才能保证小班化教育中师资的数量与质量呢？显然这是一个中美两国都极为关注却又难以迅速解决的问题。班级规模的缩小，意味着需要增加教室的数量，也意味着需要足够充分的教师供应。足够充分的教师供应是实现小班化教育效果的关键条件之一。在美国推行小班化教育的各

州，大多面临师资短缺问题。美国还要招聘万名教师，一些贫困市区和农村学区面临着招聘新师资和保留原有合格师资的双重难题。在我国，2013年左右，由于小班化教育实施或实验的范围还不是很广泛，因此在师资数量上似乎并没有太大的压力。但同样的是，在偏远的贫困地区师资仍是缺乏的，这也是长期以来一直得不到解决的难题。从美国推行小班化教育的情况来看，尽管在罗得岛州，所有教师都是取得州认证资格并胜任教师一职的，但就推行小班化教育的各州的普遍师资水平来说，有一部分教师显然难以真正胜任这项教学改革任务。对此，美国大多数州以不同的方式花费大量资金来促进这些教师的发展，加强教师职业培训，以提高他们的能力和素质。例如，为推行小班化教育，罗得岛州雇用了上千名经验不丰富、缺乏专业准备、没有证书或仅有临时证书的教师。只有合格的教师教小班时，学生才会得到多样的发展。因此，加利福尼亚州在立法中规定，行政区必须运用现有基金为教师提供专业发展机会。这种发展主要在特定的小班中进行，不仅发展那些不合格教师，使之具备学科知识、教学知识和有效教学的教学技能，还发展那些具有丰富经验的教师，因为公众和政府对小班化教育有着很高的期望值，而这些经验丰富的教师也需要在新的探索中获得更多的知识、技能，如新的评价方式、更严格的绩效措施等来满足这种期望值。事实上，在美国实施小班化教育的过程中，成功的学校往往把与教师发展、教学提高以及对个人和资源的生产性使用结合起来。

在深圳，很多学校试行或实行小班化教育。相关教育者也普遍认识到在小班化教育过程中教师质量的关键性，并有学者做了初步的探讨。的确，在小班化教育的旗帜下，如果还以过去的教育理念、教学形式、教学方法和教学要求等去培养学生，这显然有悖小班化教育的基本目标和原则。这样不仅没有效果，也会造成人力、物力和财力的浪费。因此，转变小班教师的教育教学观念，加强其对小班化教育的认识和理解，这是首要的也是关键的一步。同时，加强小班教师持续的职业发展培训也是我国开展小班化教育应高度重视的问题，这样才有望获得长期的、整体的和有效的教学效果。以笔者所在的深圳市龙岗区龙城高中为例，2010年高三年级首次试点，设立高三（A）班和高三（甲）班两个理科实验班，每班不超过35人。在2011年的高考中，两个班的重点大学考中率均超过95%，一批优秀学生被浙江大学、中国科技大学、中山大学等名牌大学录取。

五、小班化教育与教育公平问题

小班化教育与教育公平问题是一个正日渐引起美国教育学者思考的问题。美国实施小班化教育改革的许多州几乎都要面临设施与师资匮乏问题。因此，为了保证小班化教育的正常实施，学校、城区乃至州政府不得不在资金、人力和设施上向这方面倾斜，特别是州政府，在联邦政府所拨付的鼓励开展小班化教育的款项不足以满足本州小班化教育发展需要的时候，就必须重新调配本州的资金，以便为小班化教育创造更多的教室，招聘更多的教师，并培训教师，使之发展。这样一来，本该拨付给其他年级的学生以及其他发展计划中的一部分款项就被转移了，使本应得到资助利益的那些学生和计划受到某种程度的不公平对待。不仅如此，合格和优秀的师资也往往优先被安排在小班中进行教学，特别是为了改革的需要，甚至会把其他非小班班中的优秀教师抽调到小班中来。仍以笔者所在的学校为例，2010年的高三（A）班和高三（甲）班这两个理科实验班集中了全年级乃至全校的优秀教师。任教这两个班级的教师中有2位教研组长，1位市优秀班主任，3位市中青年骨干教师。很明显，这打破了全年级教师分配的公平性，"侵犯"了其他班级学生的权力和利益。对于这些学生而言，这是有失教育公平的。同时，在接受小班化教育和没有接受小班化教育的学生之间，教育公平问题似乎更为突出。小班中的学生不仅享受充分的教室空间、相对先进的设施、合格的师资，同时享有由这一切所带来的身心自由、能动与积极的发展。小班中的学生是在政府以及公众的热切关注、积极行动和持续鼓励的氛围中进行学习和发展的，相对非小班生来说，小班生获得了"额外的"发展。因此，对于大班生来说，这样的教育是欠公平的。这也是美国家长们普遍认识到子女处于小班中可获得教师更多的关注和辅导，并获得更多的发展机会而积极支持子女进入小班的主要原因。为了实施小班化教育，在美国加州一些较大学区出现的"公交学生"和一些较小学区出现的高低年级混合小班的状况，也在某种程度上侵害了这些学生接受常规班教育或正常小班教育的权利，因而显得缺乏教育的合理性和公平性。这些问题该如何解决呢？似乎还没有令人满意的答案。我们在这方面的关注似乎更少一些，但不等于不存在这样的问题，这也是我们在今后推行小班化教育过程中有待研究的一个问题。

参考文献

[1] 陈月茹.美国小班化教学研究述论[J].山东师范大学学报(人文社会科学版),2002.

[2] 欧阳美梅.中美两国小班化教育改革之比较[J].成都师范学院学报,2003(7).

[3] 乐毅.经验与反思:美国小班计划的回顾、进展及其评价[J].现代教育论丛,2004.

[4] 张弛.美国大学与学院的生师比和班级规模[J].教育发展研究,2002(1).

[5] 王铁群.小班化教育是基础教育改革的发展趋势[J].教育探索,2002(5).

[6] 卢海弘.班级规模变小,学生成绩更好?——美国对缩小班级规模与学生成绩之关系的理论与实验研究述评[J].比较教育研究,2001(10).

2013年1月

英语"意群"认知结构的构建教学

在日常英语教学中,很多学生对单独的词汇和句法掌握得比较好,但在解决实际问题,尤其是做单选题和阅读文章时,却频频出错。面对这些制约学生英语能力发展的瓶颈,作为一名英语教师,我认为应该在教学中多渗透"意群"这个概念。

一、意群教学与学生认知结构的构建

意群指的是在英语交际中表达完整意思的语言单位。它是根据意思来组合的,可以是一个词组、一个分词短语、一个分句等。意群的组合往往表达了一个句子的含义或段落大意,或文章的中心思想。请看2003年上海卷第4题:

There is a new problem involved in the popularity of private cars _____ road conditions need _____.

 A. that...to be improved

 B. which...to be improved

 C. where...improving

 D. when...improving

此句包含一个同位语从句,学生若能找到中心词problem,很快便能用后面的从句具体说明"新问题"的内容。而involved in the popularity of private cars仅仅是一个后置定语,修饰a new problem。故此题选A。此题的意群划分为:
There is a new problem/involved in the popularity of private cars/that road conditions/need to be improved.

根据认知心理学原理,掌握基本的词汇和适当的句法是进行有意义学习的前提。如果学生自身的认识结构不发生变化,那么新掌握的知识也只能具有潜在的意义，而不能变成实际的心理意义。学生的认知结构主要是词汇和句法，其结构层次关系是"词素—词汇—词组—句子"。这种关系在结构上是严谨的，在意义上却是孤立的、零散的、缺乏联系的，在实际运用中难以迁移。从意义上讲，文章的层次关系应该是"意群—句子含义—段落大意—文章中心思想"。

如果学生能从意群的角度来学习词汇和句法，那么他们接受的知识将会融会贯通。

二、掌握意群教学的关键

掌握意群教学的关键是抓住意群的整体性。意群的各个部分应有机地组合在一起，各个部分不能缺少，也不能改变。它们是一个整体，一旦被破坏，就不符合语言规律，而且会影响人们对句子的正确理解。如2005年上海卷第37题：

At last, we found ourselves in a pleasant park with trees providing shade and _____ down to eat our picnic lunch.

A. sitting　　　　B. having sat　　　　C. to sit　　　　D. sat

首先分析意群：At last, /we found ourselves/in a pleasant park/with trees providing shade/and _____ down/to eat our picnic lunch.

从意群上，我们能发现"and"为并列连词，连接前后两个谓语动词，前面用found，后面用sat。故此题选D。

意群的整体性还表现在意群的变式上，即表现在意群内各部分的位置变化上。意群的变式可以使词汇的运用得以深化。举例如下：

（1）John plays football, _____, if not better than, David.（1994年全国卷）

A. as well　　　　B. as well as　　　　C. so well　　　　D. so well as

此句的意群是：John plays football/as well as David，被if not better than所隔开。

（2）His mother did all she could _____ him.

A. help　　　　B. helping　　　　C. to help　　　　D. helped

此句的意群为：His mother/did/all（that）she could（do）/to help him. 动词不定式在这里做目的状语。此题中出现了意群的省略。

三、意群教学效果评价

意群教学可以使学生的认知结构更加系统化，而且有利于知识的迁移。意群教学效果主要体现在以下几个方面：

（1）口语中，学生能正确地进行意群停顿，交际双方能够正确而快速地传递信息和接受信息。

（2）提高了学生对句子以及文章含义的理解能力。

（3）可以培养学生思维的灵活性，从而使他们能准确而快捷地捕捉信息，增强应试能力。

（4）可以使学生将所学知识整体化和系统化，大大减轻学生的记忆负担，使迁移加快。

意群教学确实能够培养学生学习和运用英语的多种能力，同时能减轻学生的记忆负担。尝试后，收获不小，效果明显，同行们不妨试一试。

2008年7月

第二章

教育培养

深圳市龙城高级中学英语教研组创建深圳市"青年文明号"工作总结

在党的十八大即将召开之际，我校响应团区委（共青团深圳市龙岗区委员会）的号召，积极开展创建"青年文明号"活动。自创建活动进行以来，在校领导的大力支持下，英语教研行动小组以"创文明、促教学、助成长"为口号，带领青年教师进行了丰富多彩的活动，以创建"青年文明号"为契机，切实提升英语教师的专业素养，大力促进英语课堂教学，在各个方面取得了卓著的成效。

一、展示文明形象

办公室环境整洁宜人，每位青年教师佩戴"青年文明号"胸章上岗，对待学生热情诚恳，展现青年教师文明、友好、积极向上的健康形象。

二、形成良好机制，收获业务硕果

为提升英语教师的专业素养，学校选派教师12人出国培训。参加国外大学在龙岗区举办的全封闭英语培训班的教师多达15人。教师置身于全英的环境下，其英语能力得到质的飞跃。为深化课堂教学技能，全体青年教师奔赴青岛观摩全国英语优质课大赛，切身体验了全国最前沿的教学技巧及方法。他们回来后在全校上汇报课，将学到的教学理论运用到教学实践中。学校鼓励青年教师参加各级教学技能大赛，成果喜人。其中，王婧老师的录像课例获全国特等奖并被邀请前往北京做现场展示；王婧老师还在深圳市高中英语教师优质课竞赛中获一等奖。杨春燕、奉青松、柯娜、王婧等获龙岗区教学基本功大赛一等奖，何芝、袁科苑等获龙岗区优质课一等奖，林秋萍、何芝、王婧等获深圳市高考先进个人称号，沈梅老师被评为龙岗区优秀教师，齐雪老师等在全市高中英语新课程教学录像课评比中荣获一等奖，徐勉、沈梅、林秋萍、奉青松等在学校征文大赛中获奖，何刘清、柯娜、奉青松等获得高考卓越奖。在学校举办的一年一度的解题能力大赛中，每次均有超过90%的老师获一等奖。还有多名教师在全国中学生新课程语言能力大赛中获优秀辅导老师一等奖。

三、提倡科研，以学促教

学校特别注重让青年教师搞科研，从资金到硬件设备都给青年教师搞科研提供了肥沃的土壤，这让青年教师得以投身科研并取得突出的成绩。在方静老师的带领下，经中国教育学会"十一五"科研规划重点课题"英语报刊教学综合研究"总课题组研究，批准学校成为"《中国日报·21世纪报》英文报系报刊教学实验学校"。学校系统地研究英语报刊在高中英语课堂的高效运用，面向全市推出赖玉珍老师的英语报刊运用特色课，全方位地展示科研组在该方面的研究成果。

同时，齐雪老师等进行了"高中英语课堂活动小组合作模式"探究，面向全区推出公开课。此外，多人在省市报刊发表论文。如林秋萍老师在《师道》杂志发表《给我们的课堂热热身》，在《发展》上发表《把课堂的主动权还给学生》；杨春燕老师在《英语测试报》发表《英语教学中的合作性作业》；赖玉珍老师在《新课程报》上发表《报刊阅读在高中英语教学中的运用》；徐勉老师在《发展》上发表《写作——英语高考制胜的关键》；沈梅老师发表了《试论翻译的归化和异化》《高考英语听力考点及解题技巧浅析》；等等。在继续教育方面，英语组的青年教师从不放过任何一次继续深造的机会，积极参与省、市、区的各种继续教育活动，超额完成规定的学时，全员参加广东省高中英语职务培训、深圳市高中英语新课程培训、计算机职称考试、心理学B证培训等。

四、立足文化，塑造特色

英语科组秉承学校"崇真尚本、追求进步"的文化，吸收西方人思想中自由平等的精髓部分，建立轻松自然的沙龙式科组文化，在自由平等的宽松环境里进行教学及专业上的交流，打破了教师之间年龄、背景等障碍，使交流更为深入有效。无论是平时的集体备课评课，还是组织的专题探究都成绩斐然。在校园英语文化方面，英语科组以英语文化节为载体，组织全校英语书法大赛、英文歌曲大赛、英文演讲比赛、英语话剧展演、欧美电影周等活动，这极大地激发了学生学习英语的兴趣，有效地推动了英语的课堂教学。英语科组还在学生经常活动的地方永久张贴高考考纲中的3500词汇，让英语无声地浸润学生的生活。英语科组还成立了英语俱乐部，将对英语有兴趣的同学凝聚在一起，给他们提供更加广阔的活动舞台，深化他们对英语的理解和爱好。每周二，由两名外籍教师领头，俱乐部负责组织在语音室开展英语角，营造一个说英语的小环境，让学生敢于开口说，乐于开口说。通过以上活动，英语走进了学生的生活，这些活动也成为校园里的一道独特风景线。

五、以爱为本，传播文明

英语科组的青年教师无论是在工作岗位上还是在业余时间都坚持以爱为本，用自己的专业服务于学生及有需要的人。李勇、齐雪、袁科苑等老师积极参与大运会的志愿者活动并荣获"杰出贡献志愿者"称号，他们共同制作的大运会英语培训课件生动易懂，得到了广泛的好评。此外，科组还组织教师参加龙岗区义工组织，利用业余时间，服务社会，回馈社会。

在学校领导和英语教研行动小组的指导和监督下，英语科组深入有效地开展创建"青年文明号"活动，极大地促进了青年教师的成长和科组的发展，使整个英语科组焕发青春的光彩。

深圳市龙城高级中学团委
深圳市龙城高级中学英语教研组
2013年10月

例谈高中英语学科核心素养之学生思维品质的培养

2014年3月,教育部在《关于全面深化课程改革 落实立德树人根本任务的意见》(以下简称《意见》)一文中首次提出了核心素养的概念。《意见》提出,着力培养学生高尚的道德情操、扎实的科学文化素质、健康的身心、良好的审美情趣,努力使学生具有中华文化底蕴、中国特色社会主义共同理想、国际视野,成为社会主义合格建设者和可靠接班人。《意见》提出,要聚焦课程改革的关键领域和主要环节,针对制约课程改革的体制机制障碍,集中攻关,重点推进;还首次提出研制学生发展核心素养体系,主要是明确学生应具备的适应终身发展和社会发展需要的必备品格和关键能力。2016年9月,《中国学生发展核心素养》研究成果在京发布,该成果是教育部委托北京师范大学,联合国内高校近百位专家成立课题组,历时三年完成的,核心素养以培养"全面发展的人"为核心,分为文化基础、自主发展、社会参与三个方面,综合表现为人文底蕴、科学精神、学会学习、健康生活、责任担当、实践创新六大素养。《中国学生发展核心素养》指出了学生应具备的适应终身发展和社会发展需要的必备品格和关键能力,是对学生知识、技能、情感、态度、价值观等多方面要求的综合表现。《普通高中英语课程标准(2017年版)》首次明确《中国学生发展核心素养》是党的教育方针的具体化、细化,并凝练了高中英语学科核心素养。高中英语学科核心素养是学科育人价值的集中体现,是学生通过学科学习逐步形成的正确价值观念、必备品格和关键能力。英语学科核心素养主要包括语言能力、文化意识、思维品质和学习能力。其中,英语"语言能力"是构成英语学科核心素养的基础要素,就是传统的用听、说、读、看、写等方式理解和表达意义的能力；"文化意识"是体现英语学科核心素养的价值取向，有助于学生增强国家认同和家国情怀，坚定文化自信；"学习能力"构成英语学科核心素养的发展条件，是指学生积极运用和主动调适英语学习策略、拓宽英语学习渠道、努力提升英语学习效率的意识和能力；"思维品质"体现英语学科核心素养的心智特征，是指思维在逻辑性、批判性、创新性等方面所表现出来的能力和水平。思维品质的发展有助于提升学生分析和解决问题的能力，使他们能够从跨文化视角观察和认识世界，对事物做出正确的价值判断。如果一个学生有良好的英语思维品质，那他一定会有较好的英语语言能力，会有正确的文化意识和良好的学习能力。因此，笔者认为培养学生的英语思维品质至关重要。下面笔者就结合教学过程中的几个实例来谈谈学生英语思维品质的培养。

一、要培养学生英语思维品质，必须做到教师提问与学生质疑相结合

在开放的课堂中，学生对课文的解读往往是不相同的，我们要营造良好的氛围，让学生在课堂上敢于表达、主动去表达，并利用"意外分歧"进行动态生成，让学生学会质疑，让质疑成为英语课堂教学的主要形式，让质疑融入每个阅读教学环节，让学生在质疑中提升思维品质。比如在讲《牛津高中英语》Unit 3 Fashion时，教师可以提一些发散性思维的问题，如Do you agree with the saying: the more expensive, the better quality? Why or why not? 让学生去质疑。学生一定不会放过任何一次切磋的机会。他们之间会有善意的提醒，有意见不一的争执，有会意的微笑，还有由衷的赞叹。这样，学生就能辨析语言和文化中的具体现象，梳理概括信息，建构新概念，分析推断信息的逻辑关系，正确评判各种思想观点，创造性地表达自己的观点，从而提高自己的英语思维品质。

二、要培养学生英语思维品质，必须做到学生思考与实践创新相结合

新《课标》倡导素质教育，素质教育的重点和关键点在于培养出具有创新能力的人才。要培养学生英语思维品质，就要做到学生思考与实践创新相结合。因此，我们英语教师要敢于突破传统的教学方式和理念，开拓新的英语教学模式，激发学生学习英语的兴趣爱好，从而开发学生的创新思维，培养学生

的英语思维品质。比如在学习人教版《高中英语》Unit 4 Earthquakes时，我们开始问学生How do you feel in the earthquake? 时，往往冷场。我们可以先播放一段欧美大片的节选，然后和学生一起进入学习主题。教师利用多媒体的教学手段，即图像、声音，将音乐和文本融于一体，这样学生就不会感到枯燥乏味，能够主动地思考，更确切地表达语言的意义，当然也能更好地引起与作者的共鸣，这样会有利于学生培养英语思维品质。

三、要培养学生英语思维品质，必须做到师生合作与生生合作相结合

在高中英语课堂教学的过程中，师生合作是最重要的互动方式，但如果课堂上全部都是师生合作，那么课堂就会成为教师的"满堂灌"，学生麻木地听。因为教师的思维会影响学生的思维输出，教师具有天然的权威。因此，我们要努力做到师生合作与生生合作相结合，达到全员参与、平等互信、自由沟通。比如在讲"The water planet"这一话题时，我们可以运用接龙的方式引导生生合作。我和学生一起进行问题接龙。我首先提问How is the water being used? 第一位同学先回答。接着他自主设计问题Why do we use water in this way? 提问第二位同学。第二个同学回答后，自主设计问题Is it a good way to use water? 提问第三位同学。以此类推。这样学生与学生之间的思维在进行碰撞、交流、小组合作、辩论，这在无形中提高了学生的思维品质。

在过去的英语学科课堂教学过程中，我们较少关注培养学生的英语思维品质。在课堂上，我们要能够通过提问的方式让学生学会表达，学会有理有据地进行质疑，这样才能培养学生的批判性思维。只有具备了逻辑和批判性思维能力，学生才能真正在语言运用和解决问题的过程中实现创新，才会善于提出问题，并通过搜集证据来评价他人的观点是否合理，从而达到生生合作。综上所述，要培养学生的思维品质，必须做到教师提问与学生质疑相结合，学生思考与实践创新相结合，师生合作与生生合作相结合。

参考文献

［1］中华人民共和国教育部.普通高中英语课程标准（2017年版）［S］.北京：人民教育出版社，2018.

［2］陈汇萍.发展核心素养 唤醒教学内生力［J］.基础教育研究，2016，21：45-47.

［3］何亚男，应晓球.高中英语阅读教学设计［M］.上海：上海教育出版社，2017.

2018年12月

用爱与真诚守望一生

——2008年申报深圳市优秀教师材料

龙城高中英语老师方静，1995年大学毕业，2007年获得教育硕士学位。2005年由湖南来到龙城高中，任教高三英语至今。方老师连续三年执教高三英语，连续两年担任高三英语科组备课组长。她是一位奋斗在教育一线的普通教师——全身心地投入教育事业，用自己的智慧默默地在平凡的岗位上做出了不平凡的业绩，用自己所有的爱诠释着一位教育工作者的朴实真诚，用自己的实际行动引导学生发掘自己的潜能，塑造完美的人格。

一、淡泊明志，宁静致远

在物欲横流的今天，能够真正静下心来专心治学、研究教法的人恐怕不多，但方静老师却能够用一颗睿智、淡泊、宁静的心去钻研教学教法。她的课堂，学生扮演主角，掌控主动权；她的课堂，师生自由对话，畅所欲言；她的课堂，如春风细雨，润物无声；她的课堂，不多不少，老师只讲15分钟。她的课堂是那么朴实而无华，没有矫揉造作，没有故弄玄虚，但她的课真是越品越有味道，正像一位教师所说的那样，"听方静老师的课，就像嘴里含着一块巧克力"。有人这样总结方静老师成功的原因：她的教学方法是在钻研大量的教育理论和教学法的基础上形成的。方老师当时只是淡然地说："教书其实没什么。勤于钻研教学教法固然重要，有一颗安心教书的纯粹的心更重要。"她说："在新课程课改的大教育背景下，我们的教育更加需要的是拥有全新教学教育理念的新型教师——让学生在高效的课堂学知识、懂人生，这才是有德的老师。这需要我们静心研究。"是啊！我们大多数教师缺乏的不就是"一颗安心教书的纯粹的心"吗？很多人不是没有钻研的智慧，而是耐不住繁华里的寂寞，忍不住喧嚣下的孤独。"夫才须学也，学须静也。""非淡泊无以明志，非宁静无以致远。"看到方静老师，我更加明白此言不虚啊！

二、春风化雨，大爱无声

每一届的学生都知道，方静老师多年来坚持一个习惯——定期给他们写随笔。这是师生之间真正平等和自由的对话。随笔的内容，从知识的传授、解题方法的介绍到近来班上问题的解剖、高三心理紧张的调剂，还有对人生的规划、孝敬父母、社会责任感等。点点滴滴，无不彰显方静老师在教学生如何做人方面的良苦用心。方静老师对学生说，写随笔是思想的清零。在2008年初的冬天，方静老师给即将回家过寒假的学生写了一篇名为《咱们寒假干点儿啥》的随笔。文中，她写道："……好冷的天气，我想我只能留守深圳了……那咱们的寒假怎么过呢？……不要为了完成作业而去做作业……千万不要贪大求全，梦想寒假回来脱胎换骨。所以，想好要解决什么，每门功课你能解决一个困难或弱项就已经很有收获了……在我内心深处，我更希望的是大家能多陪陪自己的爸爸妈妈、亲朋好友。人一辈子什么最重要？是考上一个名牌大学？是拥有万贯家财？是飞黄腾达？是仕途得意？是儿女满堂、香火兴旺？……人的一生是一个从依赖到脱离，最后又回归到依赖的循环过程。你在社会上飘荡越久，你越会感受到各种各样的情感，那么你就会越来越思念来自父母、家庭的那份真情。世上唯有爸爸妈妈对儿女的那份关切、担忧是最无私、最安全的。还有100多天，大家将各奔天涯海角……多么美好啊，可是对于你的爸爸妈妈来说，在欣喜、开心的同时，大家可曾想到，他们也有一份失落和牵挂。因为从此，你就基本上完全脱离了爸爸妈妈的那个家了……18岁的暑假是爸爸妈妈一生牵挂的开始……所以世上没有什么能取代爸爸妈妈的爱。寒假，多在一起说说话，聊聊天，吃吃饭，不要很自私地只知道读书做题……"读到此处，我想，方静老师似乎已经超越一个英语教师应尽的职责。转念一想，不，这才是师者本色。我们往往学会了在教育上偷工减料，忘记了自己首先是个教育者，其次才应该是个教师。方静老师是一位怀有大爱之心的教师。没有一颗大爱之心，绝不可能达到如此境界。大爱无疆，让我们感受到她的崇高；大爱如春雨，让我们感受到她的细腻。

在方静老师桌面玻璃板下压着这样一句话："一个人一生中也许无法做一件伟大的事，但是却可以用伟大的爱做一些小事。"在教师这个工作岗位上，方静老师一直在践行这句话。她的师德不仅仅体现在教书上，还体现在她始终怀着一颗真诚的心从事教育这个职业。这颗真诚的心化成发自内心的爱，撒向那群可爱的孩子们。学生病了，方静老师会在自习课悄悄递上一盒药，学生们会觉得生病是一件"幸福"的事；学生哭了，方静老师会在第一时间送上问候和关心，学生因此怀疑方静老师是不是学过心理学，洞察力怎能如此敏锐；学生累了，方静老师会在学生的作文本上俏皮地画上几个卡通人物，附上一句鼓励的话语，让学生顿时觉得力增百倍、信心满怀。这些或许只是一件件微不足道的事情。这样的事情或许你在杂志上见到过，但它们今天就发生在我们的身边。也许你们会产生思想上的疲劳，但是，谁又能保证自己也能如此细心？谁又能说自己就一定能照顾好自己的学生呢？方静老师做到了，也许她不能面面俱到，但是，她会尽力把每一面都做好。因为她的爱是真诚的，因为她的情感是质朴而不求回报的。

三、朴实厚道，真诚待人

对待学生，方静老师是"捧着一颗心来，不带一根草去"。对待同事，方静老师也是真诚关爱。方静老师执教三尺讲台13年来，一直用8个字来勉励自己——能者多劳，以身作则。她曾经说过："若想得富贵长生，天注定。若想做仁人君子，我注定。"2006—2008年，她在承担两个班英语教学工作的同时，还担任高三英语科组长的工作。作为一名科组长，方静老师尊重、敬仰经验丰富的老教师。每次遇到大型的课程、教研改革或者制订学年、学期教学规划，她都不会自作主张，而是虚心听取老教师的意见和评价，让老教师觉得他们并没有被深圳的快节奏、新理念淘汰，而仍然是教学的骨干、科组的核心。龙城高中一直致力于培养年轻教师，高三英语科组很多都是年轻的女孩子。在这种情况下，她更是把"能者多劳，以身作则"作为她工作的座右铭。她始终乐于助人、资料共享，亲力亲为完成工作任务。当年轻教师取得成绩时，她总是笑得最开心的一个。无论是老教师还是年轻教师，他们都被方静老师深深地感染。在她的带领下，英语组的工作热情异常高涨。若说方静老师有什么天然的领导艺术，她的人格魅力就是一种自然散发的领导艺术。

她并非对待自己科组的老师如此，对待其他年级科组的年轻教师，也同样把他们当作自家的弟弟妹妹。每次出门路过书店，她总能顺手给准备考试的老师捎上几本教育学、心理学的参考资料；每到逢年过节，她的家里往往是单身教师的乐园。2008年初，来自内蒙古的小于老师的父亲突发疾病，生命垂危。远在赤峰的他打电话向方静老师寻求帮助。她二话没说，第二天早上及时将自己未到期限的几万存款取出打到小于老师的卡上。这里没有轰轰烈烈，没有视死如归，没有大义灭亲，没有"三过其门而不入"的忘我，这里有的只是点点滴滴的生活小事，但"此事虽小，可以喻大"，方静老师的人格魅力和品德便彰显于其中。

　　方静老师说："我是一名普通的教师，从事的是平凡的工作，接触的是未成年、天真烂漫的学生。我想以自己的一言一行，以我的工作态度、生活态度，感染学生，引导学生。让他们去爱这个世界，去爱他们自己，去爱他们的亲人、朋友，去发现世界的美，去健康、阳光地度过未来他们自己的生活。老天给了我们这个缘分成为师生，虽然我不能陪他们走过一辈子，但是至少，我可以在和他们共享的时间里，做点儿我可以做的——用爱与真诚守望一生。"

　　是啊，方静老师守住的是一个平凡的岗位，构建的却是一个人生的高度，这个高度是用爱和真诚铸就的。

2008年7月

两岸风景皆美好

——参加广东省"强师工程"赴台研修体会

十天,辗转广州、台湾两地。静静地看,默默地想。回到工作岗位又是一个十天过去了,很多思绪渐渐沉淀,现在和大家分享。

一、新课程、新课标

在台湾参观交流的十余所学校,几乎每一位校长都会谈到该校的课程规划和新课程改革,尤其是鼓山高中的庄校长和福山国小的李校长,他们更是台湾基础教育新课程改革的核心专家。庄校长说:"课程改革使鼓山高中生机再造,优质永续。高中课程在发展过程中不断地被滚动式修正。学校融合鼓山高中的地理人文特色,规划发展出属于本校的特色课程。以学生学习为优质化推动的核心主轴,透过教师社群运作,专业对话,以学生想要学习什么、可以达成何种核心素养为出发点,激荡出更多的课程设计与想法,达成开创全球视野、推进阅读文创、发展创新教学、推动教师专业精进、树立品德典范等目标,最终回到本校温馨、厚德、专业、多元的愿景之中。"福山国小的李校长将学校比喻为学生的教育转运站。他说:"孩子是杉树,透过教育的浸染,终将成材又成才。福山国小是学习的转运站,提供绵密的支持网,让孩子们走出去,让世界走进来。"他眼中的"支持网",就是课程体系。

课程,是一个学校的灵魂;课程,让学校之间有了差异,也让各个学校有了特色。是的,课程能解决一切教学和教育的问题。在这一点上,两岸的教育同行有共同的认知。我们的基础教育经过几十年的探索,对课程的理解早已从狭隘的学科科目转为更加广义的"学习经历"。学生学习的目的应该回归到最基本的学识、素质、能力，也就是素养。于是，我们看到许多学校增加了课外活动、社会实践、体验学习、在服务学习、研学旅行等，这些举措在世界各地已经成为教育改革的重要标志。世界范围内，各国都在不断地谋求课堂的变革、课程的创新，我国的课改也在不断反思和改进当中。现在我们所说的合作式学习、探究式学习、个性化课表、走班制等都是对课程改革的种种尝试。基础教育所要跨越的台阶是：从面向集体的教学到面向个体的教学，再到个体主导的学习，从教学到育人之间的统整与跨越，这其间还有很大的距离。因为这几乎颠覆了几千年来"教"与"学"的固定模式，更别提很多地区连大班额问题都还没有解决。这种转变是必然的，是教育教学的趋势。

确实，我们近年来提倡的新课程、新课标，推行的高考改革、走班制，等等，都是对课程的全新解读。著名教育学者钟启泉教授也谈到过，教育改革的核心在于课程改革。课程改革的核心是课堂改革。习近平总书记在十九大开幕报告中对教育进行了专门的阐述。他提出"教育质量、教育公平"八个字。如何实现呢？当然是以课程改革推动教育质量的提升，以课程改革确保每个孩子享有教育公平。没有课程规划的学校是无法走远的，没有课程领导力的校长是目光短浅的。

那么，如何让孩子对课程有更大的选择性呢？对比其他国家和地区的教育教学，我们课堂的优势是"教"的效率，能够最大限度地保证教学任务的高效完成。但是，这种面向集体的教学方式正是未来学校发展的障碍。因为人民群众对更高质量和更加差异化教育需求的呼声越来越高，而学校缺乏适应不同受教育者多样需求的能力。从教育实践上来说，要把面向集体的教学转变为面向个体的教学，这是基础教育领域以学生个体价值追求为本的教育理念的转变。目前，台湾已经有很多地区和学校在教学形态的多样性和丰富性上进行了探索。比如，台北市立东门国民小学的舞蹈课程。这些课程的新颖和用心都值得我们借鉴和学习。总体来看，他们的课程有两部分：一部分是培优课程，对某一领域有特长的学生给予更高层次的培养；另一部分是帮扶课程，面向需要特别关注的孤僻症、残疾等特殊学生制定的个别化指导课程。这种课程结构设置体现了基础性、开放性、选择性和挑战性，显然更有利于激发每一个孩子的内在潜能，为学生全面而个性的可持续发展打基础。这样的课程体系我们应该给予关注和推广，并鼓励其他学校做更多的尝试。

二、教师专业发展

基础教育是教育的基础，教师是基础的基础。教师的素质和专业发展水平直接决定了我们能培养什么样的孩子给未来的世界。古人云："郡县治，天下安。"何为郡县？对于我们教育界而言，郡县就是我们的基层教育单位，就是我们的学校。只有我们的基层学校、我们一线的教育工作者坚守自己的灵魂，不断提高和发展自己的专业水平，提高自己的修为和道德水平，我们的教育政策才能够落地生根，才能够打通最后一公里，让每一个适龄孩子都享受到教育的福利。

在台湾的第一天上午，台湾海洋大学教育研究所和师培中心的许藤继教授谈到了台湾目前的教学辅导老师制度。受台湾奉行的"平凡人理念"以及少子化现象等因素的影响，教师是没有职称评定等制度和体系的，教师专业发展是民间的，是自发的。他们被称为"教师社群"。相比之下，我们享受了太多的平台和机遇，如各级各地教育部门的"青蓝工程""强师工程"，省、市、县三级的名师、名校长、名班主任工作室的打造等。这样，从新教师入职开始，我们就紧密地被一套科学有力且高效的发展体系在带动和引领。我们知道，大部分毕业生在刚入职的时候都是不知所措的，自带成长加速器的教师毕竟是少数。有了一个组织，有了一个平台，我们就不再是自由离子，我们的专业成长也更高效、更有方向、更有力量。这样，我们才是真正意义上打造了一个成长和学习的共同体。

同时，教师的专业成长虽然在很大程度上受教师所处环境的影响，但更重要的是取决于自己的心态和作为。教师不应是专业发展"被动的接收器"，而应是自身发展的积极建构者。"自觉""自主"应成为教师专业发展的关键词。它具体表现为专业发展的自主意识与能力，即教师能自觉地对自己的专业发展负责，自觉地对过去、现在的状态进行反思，对未来的发展水平、发展方向与程度做出规划，并能自主自觉地遵循自己专业发展的目标、计划、途径，努力实践，成为自身专业发展的主人。只有充分激发起教师专业发展的内在动力，才能使教师的成长由自发转向自觉，由个别转向群体。可以说，没有一个优秀的教师是师范院校直接造就出来的，优秀的教师都是在工作过程中成长起来的。因此，我们必须抱着积极主动的心态，寻找一切有用的教育资源，利用一切可能的机会向书籍学习，向专家学习，向学生学习，向社会学习，向实践学习。当一个教师知道自己要什么，并且非常渴望获得它们的时候，他就不会放弃任何一个可能通向成功的机会。他会利用、发现、创造各种机会和条件，自觉学习，关注校内外的先进经验，举一反三，注意积累自己的实践经验并加以理论上的反思和提升。可以说，教师自主发展的意识是其成长的最关键因素。

教师是一个特殊的职业，尤其需要建构坚实的职业认同。所谓职业认同，是指一个人对所从事的职业在内心里认为它有价值、有意义，并能够从中找到乐趣。职业认同既是一种过程，也是一种状态。其中的"过程"是说教师从自己的经历中逐渐发展和确认自己的教师角色的过程，而"状态"是说教师当前对自己所从事的教师职业的认同程度。

教师专业发展是指教师个体在其整个职业生涯中，依托专业组织，通过终身专业训练，习得教育专业知识技能，实施专业自主，表现专业道德，不断增长专业能力的过程。教师的专业成长需要有一个专业人士进行恰当的引领。对于不同类型的教师而言，专业引领的作用有所不同。对于从新手向称职型转变的教师来说，专业引领的重点在于激发新手的主动性和自觉性，使其将新的教育教学理论转化为实际的教学行为，对教学实践进行及时的回味和总结，以便更好地把握教学规律。

此外，同行之间的切磋、交流是教师专业发展必不可少的土壤。教师工作的专业性质在本质上是实践取向，是经验的积淀，而教师的专业能力恰恰来自专业工作经验和经历基础之上的提炼和升华。这种提炼和升华并不是轻易就可以发生的，而是需要长时间的积累。教师之间的交流有很多益处，既可以获得心理支持，共同分享成功，分担问题，也可以获得新想法。同行之间及时交流，不仅可以通过分享材料和课程资源减轻自己的工作负担，而且，作为一个集体，可以获得比个人努力更多的教学业绩。调查表明，当教师集体参与时，教育改革会更成功。同时，与同事合作可以鼓励教师实验多种方法来促进学生的学习。当然，教师在说"合作很有益"时，也要力行自己所倡导的教育信念。有研究表明，温暖的家园文化、同侪的分享文化和欣赏的组织文化，对于促进青年教师专业成长非常有效。在宽松民主、合作对话的友好环境中，青年教师可以分享教育教学经验，实现专业成长。

教师专业发展可持续的关键是看一个教师是否能主动地进行教学反思。

教学反思被认为是教师专业发展和自我成长的核心因素。教师的反思行为是提炼和升华教师教学经验和经历的主要渠道，对于教师专业能力的形成起主导作用。我们可以清楚地看到，教师专业成长阶段越高，默会的知识占的比例就越大。这种能力除了要有坚实的基础知识外，最主要的是要具有丰富的案例知识和策略知识。这些知识只能产生于处理不确定性和不可预测的教学情境本身，特别来自"行动中的反思"。这对个人而言是一个逐渐积累和发展的过程。因此，不断地丰富教师的实践知识，就成为教师专业发展的不竭动力。就教师成长过程中知识结构的改善而言，理论的一般性知识，可以从传统教师教育计划中所开设的各种课程中得以掌握；而实践性知识，只能靠教师对自我实践进行反思获得。反思是教师专业发展的重要基础。是否具有反思的意识和能力，它是区别作为技术人员的经验型教师与作为研究者的专家型教师的主要指标之一。

另外，要有效利用同伴互助并寻求专业引领。这是一个需要高度合作的时代。群体的力量，相互的提携，集体的共勉，会让我们更进步。要克服孤独感、挫折感。同伴互助可以形成"专业对话"，使教师在专业领域对教育活动的各个方面，与同仁们进行交流和切磋研讨；对一些问题能相互理解，达成共识，或有积极的反应；分享智慧，分享友谊。学会与同事合作，在同伴互助中发展。教师的合作是基础教育课程改革以来提出的重大要求，课程的综合化必须要求教师进行合作。为此，教师要主动学习交往与合作的技巧，如倾听、谈话、沟通的技巧等；有效利用专业引领，主动寻找一个适合自己的专业引领。国内外优秀教师的成长轨迹显示，有一个专业人士进行恰当的引领是教师专业成长的关键要素之一。在新课程实施中，教师应当主动出击，为自己寻找合适的专业引领，加速自己教师专业化的进程。

促进教师专业成长，最重要的方法是学习、实践、反思和名师指引，它们相互依赖、相互促进，共同作用于教师的成长。一个优秀的师范毕业生在一所学校依靠单打独斗是不太可能成长为一名合格优秀的教师的。因此，无论是台湾的教师社群，还是我们的读书会、成长共同体，或者最传统的教研组，其目的都是在为教师打造一个平台，创设一个空间，在其中，我们讨论、我们学习、我们分享、我们反思，然后我们能看到自己的未来、看到学校的未来、看到孩子们的未来。我们知道我们做的这一切，不单单是为了自己，更是为了整个民族、整个人类的发展。

三、教育要看得到人

"全人教育，适性扬才"这八个字质朴而真实地反映了教育的真谛。有人说，我们将留给孩子们一个什么样的未来取决于我们培养什么样的孩子给未来的世界。是的，我们该培养什么样的人呢？又该如何去培养呢？我们应该给孩子们创造一个看得见人，看得见个体差异性和个性的校园文化环境。这和台湾教育界同仁主张的"全""适""扬"是异曲同工的。

记得那天参观完特教学校后来到街角公园，我一直含着泪水。特教学校的师生们弹奏的是《凉凉》和《卷珠帘》，我们的教师在车上唱的是邓丽君的歌。两岸文化水乳交融，同根同源。我们求同存异，我们的初心是一样的，那就是用我们的爱，用我们的仁，为未来培养合格的、身心健康的普通劳动者，这就是立德树人的本质。那么，我们每一位普通教师的工作不仅仅是teaching，而应是calling——是用爱、用心、用仁爱之心去唤醒每一个灵魂。所以，我们的师范大学才叫Normal University，而不是Teaching University；所以，我们的师范大学会铭刻着八个字"学高为师，身正为范"。这就是我们要终生牢记的职业使命和操守，无论我们在海峡的哪一端，无论我们在世界的哪一处。

2018年12月28日

穿越时空的网络课堂

——高中英语阅读写作课与网络课的整合

一、时代背景

21世纪是信息时代。信息技术不仅会对人类的经济基础产生巨大的影响，而且会给人类的文化基础乃至生存方式带来不可估量的影响。信息技术的飞速发展，必将促使我们传统社会和教育教学的读和写这两大文化基石发生巨大的裂变。

（1）阅读方式的裂变。传统的线性文本阅读将让位于非线性的超文本阅读，以多种连接和组合方式提供高效的检索和更多的信息。单纯的文字阅读将发展为多媒体电子读物，使阅读和感受、体验有机结合；通过在电子数据库和电子百科全书中的交互式阅读，极大提高个体的创造性学习能力。

（2）写作方式的裂变。从手写方式走向键盘、鼠标、光电扫描、语音输入等电脑写作；单纯文字写作转变为图文并茂、声情并茂的多媒体写作；学会了进行超文本结构的构思与交互式的写作。

二、新课改环境下的新技术和英语课程的整合

基础教育课程改革在全国范围内受到前所未有的重视。新课改中出现了许多全新的理念，如重视学生的个性发展、重视多样化人才的培养，从而实现学习方式的转变以及信息技术在各学科中的渗透。

信息技术和课程的整合（integrating information technology into curriculum）意味着在已有课程的学习活动中结合使用信息技术，以便更好地完成课程目

标、培养创新精神和锻炼实践能力。它是在课程教学过程中把信息技术、信息资源、信息方法、人力资源和课程内容有机结合，共同完成课程教学任务的一种新型的教学方式。在网络教室内展开的一节高一英语读写任务课，它充分体现了信息技术和高中英语阅读写作课的完美结合，它改变了传统的教学模式，在丰富学科知识、创设教学情境、优化课堂结构等方面起到了积极的作用。课堂设计流程，如图2-1所示。

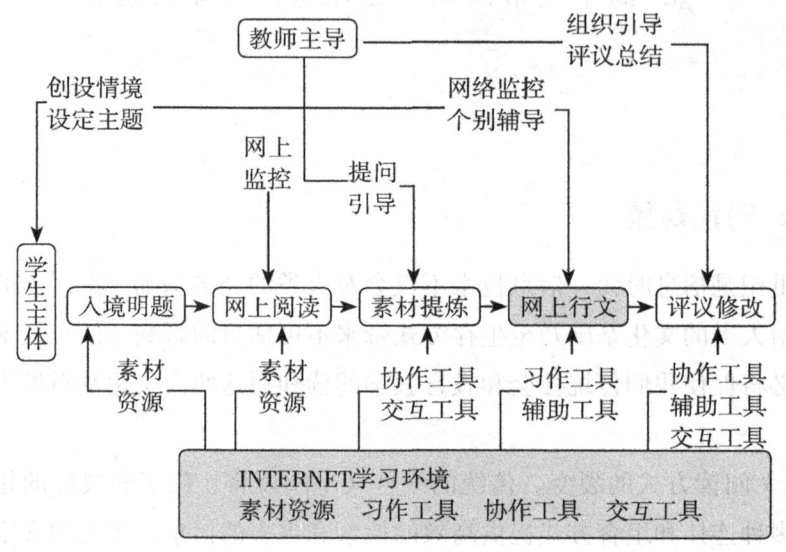

图2-1　课堂设计流程

1. 创设教学情境，激发探索热情

高中英语的新课改教程以模块为模式，以24个话题为主要学习内容，涵盖社会、人文、健康、科技、历史、环境保护等各个方面。在讲述每个话题时，英语教师需要收集、展示大量的教学内容、话题背景，以此来创设一个尽可能完美逼真的全英语学习环境。常规的电教手段只能按照线性的方式组织各种媒体信息，交互性很差。新课改后，外语教育的变化之一是，教师要充分利用、有效整合、积极开发有利于中国学生英语学习的教学资源。如果能创设一个以WebQuest为平台的网络探究中心，教师就能够以网络而不是以单纯线性的方式组织媒体信息，师生交互性好。例如，在一节高中英语阅读写作课中，学生的任务是先阅读有关5·12汶川地震后的相关报道，找出有关文物破损和保护的信息，然后写一篇相关调查报告，标题为"Protection of the Cultural Relics after the Earthquake in Wenchuan"。教师事先以WebQuest为组织形式，在网络上建立一个有关"汶川、地震、文物"的英语相关话题，将筛选后的信息进行分类，供学生自主挑选阅读，这是该节课的第一个环节"入境明题"。这样，学生就能够完全融入与地震和震后文物保护相关的英语话题的教学情境中去。丰富多彩、形式各样的背景知识激发了学生的学习积极性和主动性。语言的输入遵循真实性、现实性、实用性的原则，特别需要新的资源的引入和应用。教师要为学生提供生动的语言、真实的语境和有意义的语用练习和使用机会。小小的一根网线彻底地打破了传统课本的局限性，将师生带进了神奇美妙的网络空间。

2. 优化课堂教学结构，启发学生主动参与，进行个性化E-learning

教学的真正目的在于授之以"渔"，因此，形成学生自我教育的动力机制和提高学生自主学习的能力显得尤为重要。Internet是世界上最大的资源库，它拥有最丰富的信息资源。教师为学生创建的话题信息资源都是按照学生的认知能力和水平组织起来的，特别适合学生进行"自主发现式"学习，自主地在网络环境中进行信息的筛选、整合，这有利于发展学生的批判性思维、创造性思维，培养学生的创新能力。

在完成"入境明题"环节后，学生们进入"网上阅读""素材提炼"和"网上行文"三个环节。在传统的英语课堂阅读课上，教师根本无法提供给学生如此大量的信息资源。学生只能被动地在已经设计好的环节下一步步按照要求"操作"，没有半点儿"自主学习"的意愿。在网络教室，学生在教师创建的信息支架平台下，根据自身对该话题的了解情况及自身英语水平，查阅网上资料，进行快速阅读，找出其中对自己习作有用的资料或者能支撑自己观点的材料，将这些材料用文档记录。此环节既训练了学生快速阅读、快速筛选信息的能力，又让学生亲自体验了什么是E-learning。

3. 促进师生之间的交互，创建以学生为主体的新课堂模式

信息技术和英语阅读写作课整合实施后，教师的角色发生了很大的转变。教师由传统的课本知识传授者、课件制作者，转变为对课程内容进行重构组合的设计者、学习者学习的指导者和学习活动的组织者和参与者。信息技术将学生和教师之间的关系进行了调整，将课堂的主动权交到了学生的手中，使他们成为课堂的主体，学什么、怎么学、学得怎样等一系列问题均由学生自己去处理和安排。仍旧以"Protection of Cultural Relics after the Earthquake in Wenchuan"一课为例，在进行"网上行文"和"评议修改"两个环节时，师生的角色发生了微妙的变化。学生进入"写作区"，在Internet环境下进行网上写作。写作区也是一个交互平台，师生可以在此以各种便捷的方式进行及时的沟通和交流。一方面，教师可以利用多媒体网络的监看、监听功能，随时查看学生的写作完成情况，及时获得反馈信息；对于请求帮助的学生，教师可以迅速回复，给予支援。另一方面，学生独立完成读写任务，并将作品发至交流区平台，期待班上其他同学的评价和建议；同时可以随意选择其他同学的作品，真正地实现互批互评，最后将作品发至教师处进行终审。

这个环节相当于传统作文教学的作文批改，但是作文批改的全过程由教师和学生在网络上共同完成，改变了过去只有教师批改作文的方式，而变成了"学生互评自改，教师总结评价"的操作方式，这充分体现了"学生为主体，教师为主导"的教育思想。

三、总结

信息技术和英语阅读写作课堂强强联合之后，传统的教学结构实现了变革：单一由教师作为知识来源的局面被打破，突破了书本是知识唯一来源的限制；学生实现了获取知识方式的转变、学习方式的转变——会利用资源进行探究式学习、自主性学习；师生之间实现了交互性学习模式，突破了传统的教师讲授、学生被动接受的教学模式。在这个英语教学活动过程中，教师、学生、教材与媒体四要素和传统的以教师为中心的教学结构相比，有完全不同的作用，彼此之间有完全不同的关系。

社会在发展，人类在进步，新的时代对我们的教育事业提出了新的要求。以计算机为核心的信息技术，若能与各学科的课程加以有机整合，确实可以具有优化教育教学过程的优点。这个优点的集中体现就是能充分发挥学生的创造性与主动性。因此，我们要为学生信息能力和创新能力的培养营造最理想的教学环境，而这样的环境正是培养符合21世纪需求的新型人才所不可缺少的。

2013年8月

2008年高三英语备考策略

今天，又一批学生走进了高考的考场，祝愿他们都能实现自己的梦想，也希望我们教师一年的努力在这三天都能换回成功的喜悦。回顾过去的300多天，我们科组的11位教师拧成一股绳，心往一处想，力往一处使。我们在备考的各个层面总结了一些集体智慧的经验，具体如下。

一、总结2007年高三备考的经验教训

2007年6月下旬，在当时的高二年级进入高三之前，学校领导给高二、高三两个年级的教师举办了一次经验交流活动，给教师们提供了一个平台，使教师们能做到心中有数，未雨绸缪。上一届的高三教师将最实在的信息、有效的方法、存在的遗憾等毫无保留地敞开心扉与大家交流。继续留任高三的教师更是有感触。这对于新的高三年级来说，无疑是一份无形的宝贵资源，使我们在进入高三的第一天就找准了方向，省去了许多麻烦，少走了弯路。

二、真正吃透课改的精神

课改之后，高中英语要求掌握的词汇量从以前的1940个单词增加到3500个单词，相应的功能项目、话题、语法内容增加了，语言技能要求也提高了。但是，很多备考资料受到以前高考的影响，难度不够，所编的题目多是新鞋走老路，词汇量仍然停留在2000之内的旧词中。部分教师也受过去传统思想的影响，备考复习缺乏应有的层次性和高度。因此，我们在多个方面进行了补救：选用2007年各出版社新的资料，保证基础；选用历年高考资料，促进感悟；适当增加大学4~6级英语的阅读和写作材料，培养尖子。最根本的是，我们仔细研究07、08两年的高考考纲，研究最新的考试说明——唯有先从理论上找准方

向，才能在具体的日常教学中渗透。

三、具体操作

1. 按要求完成课程目标

上半学期按课程设置要求完成模块九的教学，有能力的学生建议其自学模块十 Reading 部分和词汇、短语。

2. 合理地使用教材和各种参考书

我们在一轮备考时使用的是《优化设计》，以及《学生双语报》《英语测试报》。我们一直要求学生不要拘泥于某一本复习用书。能力强的学生要以两份报纸为主，扩大阅读量；能力弱的学生以8本模块教材为主，夯实基础，适当辅助《新概念英语2》。我们鼓励学生早读的时候按照自己的能力安排学习。40分钟的早读，学生有读教材的，有读报纸的，有背新概念英语的，有读网上双语阅读的——沉浸在原汁原味的英语环境中，培养了语感。

3. 进行基本词汇、单词的默写

无论是好学生，还是英语弱势学生，我们都一视同仁，要求他们至少将8个模块的词汇默写两次。具体来说，在一轮复习的时候，默写单词和模块复习是同步的。每复习完一本书就安排一次本模块100个单词和短语的听写。到了后面的专项复习，为了防止学生们遗忘，我们又提醒教师将8个模块的单词再拿出来默写一遍。很多学生都非常有体会，突破词汇关给他们的英语学习扫除了一个很大的障碍，文章看得懂了，写起作文来有话说了，有好的高档词汇、短语可用了。

4. 安排好套题练习

2008年3月中旬结束一轮复习，进入专项突破和套题阶段。这个时候，我们应坚持训练成套的、新的模拟试题，一直持续到6月份。要达到三个目的：

（1）保持新意、灵性和卷面的规范。

（2）利用新题，系统地回顾各大题的解题思路和技巧。

（3）自己做错，但是对照答案就能理解的，要找同类题目再练一练，做好归纳小结，这是这个时期的主要增分点。

在年级的大力支持和配合下，我们统一安排高三年级在每周四的下午3点~5点——和高考同步的时间，模拟做一套完整的训练题，有听力、有作文。然后让学生对照答案，思考得失原因，并以新带旧，就每大题中的2~3个小题进一步检索旧题、课本、考纲，强化复习效果，达到增分的目的。

5. 上好讲评课

教师不需要一题一题从头讲起，应该整体公布答案，让学生自己静静地对照，思考几分钟。"理解、接受、积累"六个字是英语学习的一个重要方法，学生用上了这个方法就可以挤出许多时间去进行更多的语言实践，更多地体验语言和感悟规律。

教师的备课十分重要。教师要找出最典型、最重要的题目，以利于在课堂上引导学生翻阅旧题，进一步掌握解题技巧；还要适当准备同类型的练习，做到及时巩固。所有课堂上要用到的资料，包括Worksheet，PPT等，都要在课前准备好，不应临时凑合、应付。"精讲多练"不仅是一种教学理想，如果处理得当，也是一种教学现实。

讲练一个大题之后，教师应该留给学生一分钟思考和消化的时间。学生可以想一想这一大题的解题经验、教训，可以大声地，或者默默地读一读这一大题的短文，也可以记一记这一大题自己做错的地方的正确答案是什么。公布答案之后和讲评题目之后，学生有完全自主的一分钟时间是十分重要的，它是一个知识内化的过程，能加深记忆，促进学生知识与能力之间的转换。

6. 夯实话题

在考纲24个功能话题中，教师先挑选自己认为比较重要、考纲词汇含量比较丰富、较为贴近学生生活和社会现状的几个项目，设计"词汇+写作"活动。举个例子，要练习"transportation"方面的基础写作或任务型写作，教师可以布置学生用两天的英语学习时间，浏览考纲3500个词汇，挑选出与"transportation"相关的单词，以词组、搭配、句型的形式抄写到作业本上。我们在备课时，除了做写作材料准备，还要做相关词汇、句型归纳的课堂活动设计，让词、句、篇有机结合，融为一体。如果这个活动顺利开展，学生在有意识地训练写作的同时，无意识地翻阅了几次3500个考纲词汇，从而让这些词汇"混了个脸熟"——可谓一箭双雕。此活动是根据学生自主学习的原理设计的，学生一直要动手、动脑，教师重在管理、调控。我们在讲评某个话题的作文时，不仅仅给学生一篇范文，而是要利用各种信息渠道，将与该话题相关的延伸文章也推荐给学生，以扩大学生的知识面，提高学生从不同角度考虑问题的思维分析能力。做到同一个话题能够让每个学生都有话说，有情表。

7. 重在落实，厚积薄发

有了理念做科学的基础，到了每天的日常教学，关键就是看落实了。词汇、句子翻译，听力训练，作文面批面改，书写规范，语境语篇意识的培养，同义词、近义词的辨析，等等，这些都要靠教师细化到每一套试题中以及每一天和学生的日常交流中。

最后以英语老师的一首小诗与君共勉：
享受教与学，师生节节悦；课课兴趣浓，讲义情要重！
英语讲与想，教学也互长；主靠嘴一张，心也不发慌！
语言巧打扮，生师有期盼；教师当演员，入戏时癫狂！
小师充特色，其实不敢乐；只求心无愧，师道精华汇！

2008年10月

写作文一定不要忘记

1. 固定文体的固定句型

（1）调查问卷必用

——Last month, a survey was carried out among the senior three students in our school about whether they prefer to go to a university in the home province or to one outside Guangdong. According to this survey...

（2）采访

——Recently, I had an interview with Professor Yang about/on...

——There was an interview between ...and...

——Professor Yang received an interview...

（3）写信

——I am writing to you, hoping that you can...

（4）各类活动

——Last weekend, an activity on the theme of...was held in our school.

2. 使用频率非常高的非限制性定语从句

——Everyone has his or her own wish, which may be different from others.

——Some students even have less than 6 hours of sleep, which is far less than the standard of 8 hours.

——However, these champions can very easily get in, which is unfair to high school students.

——Several bus fires occurred in several cities in China from May to June this year, which has led to people thinking about bus security.

3. 现在完成进行时

——I must make my body much stronger and I'm proud to say that I have been working hard for many years to make my wish come true.

4. It 做形式主语或者形式宾语，非常实用

——It is well-known that smoking harms not only the smokers but also those people around them.

还有：

——It is reported that...

——It is obvious that...

——It is of great importance that...

——It is a wise idea that...

——Therefore, it is hoped that homework for students will be reduced and more attention will be paid to the teenagers' health.

——So many schools have been set up, making it possible for more children to come back to school.

5. 同位语和同位语从句

——Zhang Lin, a well-known male swimmer in the national swimming team, was born on January 6, 1987, in Beijing.

——The idea that "everyone's doing it" influenced me to leave common sense behind.

还有：

——The news came that...

——He made a promise that he would never be late again.

——The fact that...

——The suggestion that...

——The information that...

——The opinion that...

——It has been advised that a regulation which requires pets to have an identity card should be introduced.

6. 强调句型

——In fact, it is their parents who make the decision rather than the students, because they have lost their independence.

7. 学会用几个连词将分句串起来, 成为一个长的复合句

——As for me, although I want to be independent and choose my college and major myself, I realize I know little about them, so I think I have to rely on my parents to make the decision.

8. 当一个句子中有好几个动词时, 学会让其中一个做谓语动词, 其余做非谓语动词

——Most importantly, the government should take measures to make career planning part of China's educational system, thus insuring the development of students' personality and helping them better plan their future.

——When facing the difficulty caused by the crisis, China should make efforts to develop itself according to its own national conditions and look for the opportunity.

——Therefore, facing such a situation, I will be modest and willing to learn.

——As we all know, shopping online is becoming more and more popular in recent years, resulting in more and more complaints about it.

——Inspired by him, David volunteered to work with low-income fathers to teach them how important it is to be a good father.

——Excited about my accuracy, I screamed for my father to take a look.

9. such as后面的动词记得加-ing

As a matter of fact, some citizens mentioned that besides hurting people the increase in pets can also lead to other problems, such as polluting the environment and affecting people's rests.

10. 动名词做主语, 记得加-ing

——In addition, living on the campus means students have more time to do their studies and can help them become more independent.

——Also, living at home means they have more freedom and can save them money.

——Being a volunteer will offer me the opportunity of exchanging my ideas with people from many countries to exhibit my talents and abilities.

11. so that/so...that是个好句型

——We are supposed to use renewable products instead of disposable ones so that we can keep the balance of nature.

——I was so moved that tears came into my eyes.

——I do so well in my lessons that I think I will be admitted to a first-class university at home and I want to go to the United States for further education after graduation.

12. with结构

——With H1N1 getting more serious in the autumn and winter seasons, the prevention and control of this disease is becoming more and more difficult.

——We bought trees with the money collected.

13. 倒装句

——Only in this way can we complete the task successfully.

——Only by putting these methods into action can we completely solve the problem.

14. 主语从句

——What worries the government is that there are an increasing number of private cars every year.

15. 为了使文章读起来圆润，前后连贯，一气呵成，请多使用一些串场词和短语。

16. 动词前后用副词修饰，名词前后用形容词修饰。

17. 适当使用成语

——As a famous saying goes, all work and no play makes Jack a dull boy. Take myself as an example, when I was...

18. 不要忘记not only...but also

可以连接主语、谓语、状语、非谓语等等，是非常实用的信息整合形式。

——A wonderful performance was held, not only making us have an unforgettable night but also raise our awareness of environmental protection.

——Not only did he finish（前半句倒装）his homework, but also he helped his mother do a lot of housework.

19. 越怎么……就越怎么……

the more...the more...

——The more attention you pay to your handwriting, the more beautiful your handwriting will be.

读读下面的范文，以上的好现象几乎都有。

Thank you for your letter. From your letter, I've known something about your situation. Since you were attracted by football, you have been spending lots of time doing things related to it, which causes a result that you can't focus on your studies.

It's a good start that you know you shouldn't pay much attention to football. What you need to do now is to take some measures to change this situation. Here come my suggestions. In order to have more time to do things about football, you should find your own way of study, which can improve the efficiency of your studies. Also, you should control your time of collecting information about football. You can set up a schedule.

Your situation reminds me of my own experience. When I got involved in comic, I had the same condition with you. Without considering the time, I couldn't review my lessons well. As the consequence, I got bad grades in the exam, which made me depressed. To learn from my lesson, you should arrange the time properly.

I hope you can deal with the contradiction perfectly. In addition, you can not only be satisfied with your studies, but also be a good football fan. Don't let your hobbies become your unfavourable things.

2018年5月

让学科带头人成为教研组的灵魂

教研组依托学科平台而建，教研组建设的核心内容就是发挥好学科带头人的作用。学科带头人是在本学科教学中成长起来的，是具有声望的领路人。他们在学术积累上领先于人，又不仅仅是学科教学的纯研究者；他们擅长本学科教学，又不仅仅是狭隘意义上的教学能手。在新课程改革的背景下，学科带头人是整个教研组新课程实施的实践者和示范者，是教学研究和课程资源开发的建树者和有作为者。他们要凭借自己的感召力和影响力履行重要的教育使命。

一、培养和树立为教育事业奋斗终生的教育情怀，做一名脚踏实地的理想主义者

教育不是通向上流社会的阶梯，而是通向智慧的道路。作为学科带头人，他们应该拥有比一般教师更广阔的教育情怀。他们不但自己要脚踏实地，充满理想，更要引领广大教师做一个有"境界"的人。著名哲学家冯友兰在《人生的境界》中曾经谈到人生的三种境界，做教师，尤其是做一名学科带头人，其实也应该实现这三种境界的蜕变和跨越。第一种境界是谋生的境界或职业的境界。第二种境界是事业的境界。第三种境界是信仰的境界。第三种境界就是把做教师，从事教育教学工作当作一个崇高的信仰。真正伟大的教育家其实都达到了这样一种境界，如陶行知、苏霍姆林斯基等。那么怎样才能实现这三种境界的飞跃呢？怎样才能拥有伟大的教育情怀呢？从多位成功教育者的发展历程不难看出——是通过阅读和反思。古人云："书犹药也，善读之可以治愚。"现代著名教育家朱永新先生也说过，一个人的阅读史就是他的精神发育史。因此，应该让阅读成为生命的自觉，成为广大教育学科带头人的一种生活方式。

二、集体靠学科带头人来引领，学科带头人要树立以引领为目的的使命意识

学科带头人不是上情下达的执行者，不是发号施令的管理者，而是学科教学和研究的引领者。一方面，学科带头人不仅仅是新课改的实施者，更是新课改的创造者。这要求学科带头人清醒地意识到自身的价值是在实施新课程以及创造课堂教学新境界的过程中实现的。另一方面，从新课改实施数年来的情况看，一线教师面对课改的态度与积极程度不尽相同。这就要求学科带头人善于将消极因素变为推进新课改的积极力量，在教研组内部形成合力。这样，无论是教研组内部的普通教师还是教研组的学科带头人都能实现三个专业发展。第一是站在大师的肩膀上实现专业阅读的发展。第二是站在自己的肩膀上实现专业反思写作的发展。第三，也是最重要的，即站在集体的肩膀上实现专业共同体的发展。而这所有的一切，依靠的都是学科带头人能否拥有教育的伟大情怀，是否有献身教育的意愿和使命感。

三、拓展以教师个体为本位的教研途径，实现学科带头人专业引领功能的价值最大化

师本教研有别于校本科研，它提倡每位教师从自身的教学实践出发，开展个性化的研究，确立富于教师个体特色的教研内容和教研形式。作为教研组内的灵魂人物，学科带头人与校外专家相比具有天然优势。他们更熟悉本教研组内部成员的教研背景、学养根基、独特追求和成长可能。因此，一名合格的学科带头人应该有一定的组织能力，利用和创造一切活动，形成整个教研组的发展合力，将"小我"融入"大我"。

1. 教研沙龙

教研组成员之间围绕某个专业话题，各抒己见，畅所欲言。
重点放在让各种思想相互碰撞、交流上，以激发出更多原生态的灵性思维。

2. 课堂诊断

在日常的听课评课活动中，学科带头人要多听教师的家常课，通过现场观察、过程记录、课后交流等环节，凭借常规化的学科特定氛围与同行取得深度共鸣。这样，他们向同行所提出的相关建议、改进措施等才具有可接受性。

3. 读书报告

学科带头人可以带领教研组成员共同制订学年或者学期的读书计划，在个人深读、思考和记笔记的基础上，定期开展读书报告会。在报告会上，教研组成员轮流主讲，并接受同伴的咨询、质疑，形成坦诚交流的氛围。

4. 学科博客和网站

新时代的交流媒体已经不仅仅局限于纸质媒介。教学信息化时代的到来，要求学科带头人带领教研组成员创建自己的QQ群、博客或学科网站，使交流的时空得到无限放大，使学科成员们无论何时何地都能够及时地进行反馈和交流。

2014年5月

教你用10~12句话完成一篇读写任务

一、如何写标题

主题就是我们要写的文章标题。

Is time more valuable than money?

On smoking. /How to make friends? /Happiness. /Is watching TV a good thing?

My view on money/time/pollution.

My attitude toward building a car factory.

二、如何写概括部分（用两句话概括）

（1）两句话写概括。用总——分的形式，即第一句话是主题句，清楚明白地告诉读者文章的写作目的（这句话举足轻重），后面的句子对主题句进行解释和支撑，主题之外的内容要毫不吝啬地予以删除，控制在27~35个词以内。

（2）不能抄袭原文句子，要改写——肯定变否定，用同义词替代，句型转换。

（3）用"第三人称"或"无人称"来概括，不能出现你的个人观点。

（4）阅读文章的第一段（总起段）和最后一段（总结段），或每一段的第一句或第二句（总起句）或最后一句（总结句）。

（5）概括的常用句式：

The story tells/emphasizes/focuses on the importance/necessity/advantages/disadvantages/reasons/ways/ideas, ...

The article mainly conveys /discusses /focuses on the problems /reasons /ways / ideas that...

This article points out/ talks about/tells about the common phenomenon that...

具体举例：

——According to the passage, colors play an important role in our life. They reflect our personalities and emotions and different colors have different influences on human beings.

——According to a report, many kinds of animals have died out, and more and more wild animals are rapidly disappearing from the globe due to human activities, pollution and changes in climate.

——According to a survey, some elementary and secondary school students in Shanghai hope to start their own business in the future, while others, especially high school students, prefer to take an ordinary job.

——At first Mike didn't adjust himself well to the college life because of the lack of basic life skills and being homesick. Later, he got himself active in things and gradually enjoyed his new life.

——Mike said it was tough to accomplish the general adjustment but he began to enjoy himself after that due to having various activities. He advised freshmen to be active in order to make new friends.

三、过渡句的表达

写完概括部分，进入完成任务的环节，建议在概括部分和第一个任务之间写一个过渡句。

如果材料是记叙文，可以用I also have a similar experience.

如果材料是议论文，可以用I agree/disagree with the author. In my opinion, ...

四、任务的表达

接着，就要表明自己的看法了。

任务1：（第4~6句）

将要完成的任务的中文提示翻译成英文，作为该段的topic sentence，后面马上跟进2~3个句子进行具体阐述。在表述自己的观点时必须开门见山，言简意赅，表明立场，然后有条理地论证或举例子说明。

任务2：（第7~9句）

方法同任务1。如果任务1和2之间是转折、递进、并列等关系，记得用一个过渡句进行任务和任务之间的衔接。如However, I don't believe so./ On the other hand, people think it has its own disadvantages, such as.../ When talking about my own opinion, I strongly believe that...

任务3：（第10~11句）

如果没有任务3，直接进入文章的结尾部分。

如果有任务3，方法同任务1和2。

注意：3个任务分成3个自然段，但是任务与任务之间要有主次，没有必要每个任务都一样。也就是说，你可以选其中一个你会说的任务多写几句，你不知道的任务，蜻蜓点水一样稍稍涉及一下，一笔带过。但是千万不能不写这个任务，否则阅卷老师会认为你3个任务只完成2个，每个任务3分，会扣掉你3~4分。

五、文章的结尾

点题，前后呼应，将自己的主要观点或态度再重复一次。

多使用倒装句、感叹句等具有强烈感情色彩的句型。

—Family offer me warmth and care. Friends give me strength and horizons. Therefore, all of them are the most influential in my growth.

—So let's be honest in our life and I am sure it will bring miracles!

—Now what I should do is to study hard to make sure I can enter a famous medical university, where I can get the required knowledge and skills to be a good doctor.

—In a word, what I will be tomorrow depends on what I choose today. Only with a clear aim in mind, will I cherish my life in school and try my best to reach my destination without any hesitation.

—So we can see that good communication is the key to success.

—My story and Helen Keller's make me believe one's efforts will be rewarded with success if he is greatly determined and persistent in achieving his goal.

附：

1. 2009年读写任务题目

Jackie is perhaps the most easily annoyed koala（考拉）at the Featherdale Wildlife Park in southern Australia. All the koalas there are unhappy and complaining. You would be too if you were used to night activities and someone kept waking you up all day while you were trying to sleep it off. That's right—sleep it off. The average koala is always half asleep because it feeds on the leaves of a special kind that makes it sleepy.

The reason Jackie and her fellow koalas are repeatedly awoken from their deep sleep is that they can be hugged and photographed by tourists, who make the trips to Featherdale and an increasing number of other national parks for just that special experience.

Whatever department in the Aussie government in charge of such things is now moving to make the practice illegal, which is understandable. How would you react, my friend, if you were trying to sleep off a dozen times and some round, furry creature smelling of grass kept waking you?

写作内容：

（1）用大约30个词概括这段短文的内容。

（2）然后用约120个词就"该不该禁止旅客和动物拍照"进行议论，内容包括：

① 人们在参观动物时为什么喜欢和动物拍照。

② 假如你处在动物的处境，你会有什么反应。

③ 你认为是否应该禁止游客和动物拍照。

写作要求：

（1）在作文中可以使用自己的亲身经历或虚构的故事，也可以参照阅读材料的内容，但不能直接引用文中的句子。

（2）作文中不能出现真实的姓名和学校名称。

评分标准：

概括准确，语言规范，内容合适，篇章连贯。

学生作文：

Should tourists take photos with animals?

Koalas in wildlife parks can't fall asleep because tourists keep disturbing them. The government is thinking to make the tourists' behavior illegal to protect the animals.

When people are visiting wildlife parks, they like to take photographs with animals. They may think that it will be an interesting experience to take photos with animals during their visit.

If I were an animal in the wildlife park, I would feel annoyed when people keep photographing with me. My life would be greatly influenced and I won't feel happy at all! I think I should have some private space and time to relax myself.

However, I don't agree if it is announced illegal to take photos with animals as well. Tourists pay for tickets to visit the wildlife park and it will be a pity for them if they can't have a photo with an animal. Perhaps wildlife parks can set some special time. During the time, tourists can take photos with animals. It can both satisfy tourists and protect the animals.

2. 2008年读写任务题目

阅读下面的短文，然后按照要求写一篇150词左右的英语短文。

Hi, I am Mike. I just went through my first year of college. The toughest part on me at first was the general adjustment. I went to a very small high school where my mom was a teacher and she did practically everything for me. But at the college I needed to know some basic life skills, such as balancing a checkbook, laundry, and the things you have to be able to handle that I never thought of in the high school! It was really tough for me at first and I got badly homesick.

Once that first semester was over and I got used to the college life. I loved it—good facilities, helpful instructors and a good library. The Students' Union organizes various parties every week. I also go to cinemas and concerts, and often spend Saturday nights in pubs and clubs.

One thing that I think is important is to get myself active in things. I was on the dance team in college and met a ton of people that way…it was so much easier to make friends when you had a common ground.

写作内容：

学校最近组织了一次中美学生交流活动，你准备参加其中的"大学校园生活"讨论。听完Mike的发言之后，你准备写一份发言稿，题目是"Preparing Myself for College Life"，内容要点包括：

（1）用约30个词概括Mike的发言要点。

（2）然后用约120个词谈谈你理想的大学生活，内容包括：

① 对中学生活的感受。

② 理想的大学生活。

③ 中学生活和大学生活的差别，以及你打算如何适应。

写作要求：

（1）在作文中可以使用自己的亲身经历或虚构的故事，也可以参照阅读材料的内容，但不得直接引用原文中的句子。

（2）作文中不能出现真实的姓名和学校名称。

评分标准：

概括准确，语言规范，内容合适，篇章连贯。

学生作文：

At first Mike didn't adjust himself well to the college life because of the lack of basic life skills and being homesick. However, he got himself active in things and gradually enjoyed his new life.

It is obvious that high school life is quite different from college life. We generally study the basic knowledge and seldom work out a project by ourselves. Additionally, most of us live with our parents and we aren't independent enough to live alone. High school life is simpler than college life.

However, college life is more challenging. Students not only study their own majors but also learn how to realize their dreams. They meet more new friends and gradually go into the real society.

I enjoy my high school life a lot, which provides me with lots of useful skills and valuable experience. But I discover that I still lack some important life skills, which requires me to improve myself. In order to adjust myself to the coming college life, I decide to gain more knowledge about the society and life skills. I will try my best to become an independent and mature college student.

<u>All in all, I am looking forward to the new college life. I will prepare myself well and make improvement bit by bit.</u>

读范文，学写作

（1）中文没有句型的概念，但是英语非常强调句型。因此，大家在写作的时候，无论想表达怎样的思绪，请先问一下自己——我想借助英文中的哪个句型来表达？比如，我想说"政府应该重视的是给市民一个好的生活环境，而不仅仅是不断增长的经济"。这个句子，英语中有一个非常经典的句型——what...is...，那么便有了What our government should (is expected to) focus on is offering its citizens a good living environment instead of increasing economy. 如果你将这个句子写在作文本上，阅卷老师就会知道这个学生会使用主语从句，还会好多高级的短语和词汇。那么老师就冲着这句话，也会多给你3分的。

形式主语：it is reported that... it is really nice that...

强调句：It is the polluted river that made the citizens living along it annoyed.

定语（尤其是非限制性）从句：The writer doesn't support the idea which, he believes, is against the rule of nature.

（2）学会用一个短语去代替一个简单低级的单词。比如想表达"我决心跟随老师的建议，学会在生活中有耐心"，不要老是用decide，改！I have made a decision to follow my teachers' advice and to learn how to be patient.

平时注意收集。例如：

越来越多：将more and more 改为an increasing number of...

我很开心：将I am very happy改为I feel extremely pleased /satisfied with...

你应该：将you should 改为you are expected to 或者you are supposed to...

你能：将you can 改为you have the ability to...

（3）注意多用一些高级的结构，如非谓语结构、with结构，以及带有情感的副词和形容词。

刚才的句子"I have made a decision to follow my teachers' advice and to learn how to be patient." 可以再改写为"I have made a decision to follow my teachers' advice, learning how to be patient."

又如：With the development of modern society, the number of people who own their private cars has been increasing dramatically.

再如：我认为在河边建一家化工厂不对。I don't think it is good to build a chemical factory near the river.

可以改为：I strongly disagree with the suggestion that a new chemical factory should be built near the river, which actually will pollute the water.（两个副词，一个that引导的同位语从句，一个which引导的非限制性定语从句，一个被动语态，一个虚拟语气）

（4）因此，我们要使用"句型"，将"句子"放在基础、基本的位置。有了句型做铺垫，我们可以大步向前迈进，去征服段落和篇章。

双语报第一期文章：

About sports

The passage mainly tells us that teenagers play sports for various reasons. And they have a common feeling that playing sports is quite fun.

As soon as classes end, most students in my school rush to the playground to do sports. However, not every student in my class has an active attitude toward sports. There are different reasons for this. Some don't think they have a gift for any sport. And some don't think they have time for sports.

I am not a good sport player, but I am active in all kinds of sports. I just want to keep fit and I enjoy doing sports. Above all, doing sports can make me strong and thus make me have more energy to do other things. Also, doing sports is a good way for me to relax from the stress of study for a while and to have a clear mind.

双语报第二期文章：

Should doctors be forbidden to smoke?

It is reported that many Chinese doctors smoke and that the government would like them to stop smoking and set a good example to the patients. If doctors gave up smoking, the nation's health would improve.

Different people have different opinions. Some people believe that smoking is legal for any adult and that it is a private affair. Some argue that doctors should stop smoking because it does harm to both the doctors and the patients.

<u>As far as I'm concerned, I think doctors should be forbidden to smoke</u>. Firstly, people should not get into bad habits that cause them harm. Secondly, people should not form a habit that harms others. Not only does a doctor who smokes harm his family and friends, but also he harms the health of his patients. Last but not least, if more and more people gave up smoking, the health of our nation would become better.

2011年3月

从"广一模"分析影响英语得分的因素

什么因素影响了得分？具体从以下三个方面来讲。

一、命题

高考有别于其他考试，不少学生参加过托福、GRE等不同类型的考试，这可能会使一部分学生模糊了高考英语的考试。不同类型的考试是不同的。在备考的时候，用非常严谨的逻辑去分析，反而有可能会掉入另外一个陷阱里面。要知道高考命题和其他类型考试是有很大区别的。

二、阅卷

阅卷对主观题分数尤其是作文分数影响会比较大，真的影响成绩的就是作文部分。在有限的阅卷时间里，每一个老师在每个考生的试卷上停留的时间非常短，但这并不代表老师会很随便。只是说时间有限，这对改卷的影响很大。教师首先看卷面；其次是看有没有踩分点，就是有没有达到要求，这是绝对重要的因素；再次是看表达是否正确清晰，是否有语言亮点；最后是重点突出。重点突出指的是什么？比如说这次"一模"的作文强调的是诚信的重要性。那么教师第一要看学生对故事的感受，第二看你是否用一个经历说明了上面的感受，最后看你从中悟到什么道理。学生借社会现象和故事，稍微概括一下表述出来，要是一个有机的整体，要突出重点围绕一个中心讲话，阅卷者更关注这些。但是对学生来说什么更有意义呢？学生要知道阅卷老师重视这几个地方，然后稍微注意一下，可能分数就会有变化。如果你的卷面非常漂亮，那么印象分就会非常好。假如你的表达基本上是正确清晰的，你的文章架构也非常清晰，这就可以成为稳定的考场高分文章，不管哪位老师批改都肯定是被列为第一档次的。但到底是24分？ 25分？26分？这个就难说了。所以作文的最后得分与平常得分有2分的差别的话，就不要抱怨了，因为这2分不代表特别大的意义。大家要跳出自己的角度，多从阅卷者的角度看。

三、考生情况

考生情况其实就是知识性、技巧性、习惯性和策略性的问题。

（1）知识性的问题指的是拼写。这意味着你要自己去背，去拼写。基础写作没有一个完整句子的话，是没有办法给分的。因此，这些知识性问题是需要自己去记的。

（2）技巧性是困扰绝大部分中层次学生的重点问题。一个是审题的技巧。比如说作文，怎么样从作文里面体现重点，用什么样的文体。审题时是否看到这些信息？一旦审题都没有审出来的话，就很容易离题。联系上下文理解，这个是很难的。突出论述重点是技巧性的问题。要看一些突出重点的文章才能够理解。联系上下文，是怎么联系上下文的，为什么要联系上文，为什么要联系下文，那一定要听老师对思路的分析，体会感觉，才会有自己的思路、方法。知识性的问题去背就可以了，但是技巧性的问题要关注思路，还要体会和领悟。

（3）习惯性的问题，要在平时养成书写工整的好习惯。审题若不出现离题漏点问题，在平时要多训练自己。有些学生提出一个字一个字地读，高考不适合这种方法。但是作为训练来说，有这样的过程之后当你发现自己可以控制时，就可以把手指收起，用眼睛读，这样习惯便可以形成。还有一个是主谓一致，这也是个习惯性的问题，怎么样处理，这个需要去内化，需要通过训练养成习惯。

（4）策略性的问题，如时间分配、做题顺序等，需心理调节。心理调节是指学生如何确立自己的定位。有的学生一看到生词就害怕，于是围绕这个生词，丢掉了更重要的问题。这会影响自己在考场上的发挥，带来一些不必要的压力。

2011年1月

一个夹子引发的自主学习革命

一、教学现场

  学生进入高二年级，文理分科。理科班的特点是男生多，数理化在学生心目中占有"至高无上"的地位。只有两门语言学科。英语，正如人们所说——男生是天生的语言表达障碍者，是这方面的弱势群体。可是，高考不会将150分变为优势者做180分的题，弱势者完成100分的题。苦思冥想，面对刚刚接手的这两个新班级，我该怎么办呢？联想到学校最近倡导的培养学生自主学习能力的大讨论，我有了一个主意……

  看着发到每个人手中的一个个五颜六色的小铁皮夹子，学生们很茫然。我娓娓道来："同学们，不要和我抱怨过去你的英语如何，你的过去不再重要，和我在一起的现在才是关键。我想知道的是，你们准备好了吗？从眼前的这个夹子开始，从开学发的第一篇朗读文章开始，将每张英语资料夹好、收纳好、分类好。从这个夹子开始，养成良好的学习习惯，学会知识归纳，形成知识体系；从这个夹子开始，走出盲目学习的误区，学会自我学习、自我管理、自我发展；从这个夹子开始，从我们的教室开始，学会打理自己的学习、生活，甚至人生，学会定期归纳，打包自己的心得。"学生们若有所思，一阵沉默之后是窸窸窣窣翻动书包的声音。大家不约而同地将随意夹在课本中、作业本中的英语资料、试卷一一抽出，整齐地用夹子一张张夹好。我知道，一场由一个夹子引发的自主学习革命已经悄然开始了。

二、实践与理论

  早在20世纪70年代，联合国教科文组织在《学会生存》报告中就已经谈到，明天的文盲将不是目不识丁的人，而是不知道如何学习的人。同时明确指出，教育的目的在于让学生掌握认知的手段、方法，学会如何学习，而不是学习系统化的知识本身。

1. 理解新课标的核心精神——教师要放权

通过学习《普通高中英语课程标准（2017年版）》（以下简称《课标》）——"此次英语课程改革的重点是要改变英语课程过分重视语法和词汇知识的讲解与传授、忽视对学生实际语言运用能力的培养的倾向，强调课程从学生的学习兴趣、生活经验和认知水平出发，倡导体验、实践、参与、合作与交流的学习方式和任务型的教学途径，发展学生的综合语言运用能力，使语言学习的过程成为学生形成积极的情感态度、主动思维和大胆实践、提高跨文化意识和形成自主学习能力的过程。"——我们能清楚认识到新《课标》的核心精神就是培养学生的自主学习能力和终身学习能力。

"育人者先育己。"要让学生学会学习，具备终身学习所需要的自主学习能力，教师理念的更新和角色的转变是首要突破点。在新《课标》理念中，有"3T"——教师话语时间（Teacher Talking Time）一说。要想实现学生在课堂上的自主学习，要从控制教师的讲授时间开始，学生唯有拿到课堂自主权，才能实现真正的自主学习。教师要学会放权，给学生自主学习的自由空间。

（1）把问的权利还给学生。要彻底改变单纯教师"问"、学生"答"的现状，把课堂变成学生"问"的天堂。培养学生的问题意识是自主学习的关键步骤。现代教育要培养的是既能接球又能发球的学生，要让学生学会自主发现、自主质疑、自主探索、自主决策。在新课程改革的大环境下，我们需要的不仅仅是"答案少年"，更应该是"问题少年"。

（2）把读的时间还给学生。课堂40分钟，学生"听则易忘，看则助记，干乃真学（tell me, I will forget; show me, I will remember; involve me, I can learn）"。与其教师一言堂，不如让学生主动进行语言表达，在朗读中培养语感，在阅读中感悟英语语言本身的魅力，发现问题，学到知识。

（3）把讲的机会让给学生。教师的精讲是必要的，但学生表达自己的认识、进行情感的交流更重要。要更多地为学生提供畅所欲言、各抒己见的机会。

（4）把练的安排纳入课堂。英语作为一门语言学科，注重的是语言的使用，只有在用中学（learn by using），才能真正掌握好一门语言。

2. 找准课堂上教师的新定位——做学生自主学习的总设计师

只允许讲授15~20分钟课，失去了"权力"的教师，在课堂上该扮演什么样的角色呢？

（1）做一个发起或支持学生做出决定的推动者（a facilitator）

在以学生自主学习为主旋律的课堂，教师是一个设计师（a designer），为学生创设和谐安全的自主学习环境。教师是一个鼓吹者，用有效、高效的提问，发动并组织学生自主学习，鼓励学生为自己的探究做出结论。教师更是一个裁判（a judge），裁决学生总结的知识规律，并做适当的总结、概括、引申和升华。

（2）做一个响应每个学生即时需求的顾问（a counselor）

自主学习并不意味着教师就放手不管，任凭学生自由看书、做题。我们要承认，高中生的认知水平还非常有限。当他们在有限的能力范围内无法自我解决某些疑难困惑时，教师要做一个帮助者（a helper），一个英语知识库。学生在自主学习意志力涣散时，教师要做一个激励者和信心激发者。这样，学生能深切体会到自己不是孤立无援的。自主学习的课堂氛围是安全有保障的。师生之间是英语学习上的平等对话者，更多的时候教师就像一个和学生一起学习的 learner，而不是一个高高在上的 teacher。

3. 建立个性化、过程性的自主学习管理体系——我的学习我做主

作为一名教师，帮助学生是其职业的职责和义务。但是，真正的帮助应该是让学生摆脱对他人的依附。教育的四大支柱是学知、学做、学会共同生活和学会发展。教师不但要授之以渔，更要授之以渔场。也就是说，教师不仅仅要手把手示范传授怎样养鱼，更要重视创造一个辽阔的、舒适的、适合捕鱼的渔场，让学生从实践中学会如何捕鱼。这样，当他们走出这间教室，开始自己未来的人生时，才能做一个精神上独立的人，不再依附教师或家长。

（1）引导学生自我监督、管理和评价。开学第一节课，教师首先要向学生介绍本学期的教学计划、教学任务，本学期在高中三年知识体系中的地位和意义以及课堂学习准则。同时，教师和学生要共同制订学习计划，安排英语学习小组人员。正如本文开头描述的一样，教师要用最朴实的方式，让学生建立学习档案，内容包括英语学习的全部资料，如自己的作文、笔记、作业试卷改错记录、课外阅读精彩摘抄、收集的新词等的档案记录，以及自我设计的英语测验试卷，等等。学生只有学会利用自我归纳、自我总结、自我反思来监控自主学习，才能做到信赖但不依赖老师，学习忙碌但不盲目。

（2）模仿研究生导师的做法，列出课外扩展阅读书目。在让全班统一购买一份《学生双语报》的前提下，老师让学生根据自身学习情况和程度在指定的书目内选择适合自己的读本。推荐英语能力强的学生观看欣赏英语原版经典电影，订阅《英语沙龙阅读版》，或者自学大学公共教材《大学英语》一、二册。推荐英语能力暂时未能赶上班级平均水平的学生在一个学期四个月内自学完《新概念英语》第二册的后45课。这样就可在最大程度上尊重学生的自主学习意愿和个体差异（如学习程度、学习方式及学习兴趣的差异）。

（3）作业分层，细化任务。由过去统一布置家庭作业改为给学生提出指导性意见。比如先告知学生本周的教学任务和目标是什么，以及根据这些任务和目标，学生应当在本周内完成哪些学习任务以达到这些目标。学生可根据自己的学习情况，自行决定选用何种材料及完成作业的数量和时间来实现这些目标。同时，教师不再笼统地说一句"今天的作业是预习第二单元的课文"，而是说"今天课后请同学们朗读第二单元的课文，查阅生词，明天上课前5分钟我将随意请几位同学大声朗读课文，并用英文向大家介绍课文的主旨大意"。任务具体化将使学生的自主学习更有方向。有目的，也就更高效。

三、教学反思

一般来说，学生的自主学习能力被定义为管理自身学习的能力。培养这种能力应该从教师自身开始。也就是说，为了让学生更积极地参与自己做选择和决定，教师首先要更积极地参与学生的学习。从另一个角度来说，培养自主性是一个与学生交谈和聆听学生的方法问题。这些方法能让学生感到他们参与了课堂教学过程，并在各个阶段受到尊重。我们也许不能使学生更自主，但是我们至少可以创造让他们感到我们鼓励他们发展自主性的氛围和条件。

研究发展中的学生、发展中的"人"是教师孜孜以求的根本目标。唯有经历"阅读—实践—反思—再阅读—再实践—再反思"的循环过程，我们才能真正体会自主学习的含义以及新课改的核心本质。在此，本人向广大战斗在一线的高中英语教师们推荐几本有关自主学习和高中英语新课改的书籍，以期共勉：《给英语教师的101条建议》（南京师范大学出版社）、《英语语言教学理论与实践》（译林出版社）、《新课程名师教学100条建议》（中国科学技术出版社）、《英语课程标准在课堂教学中的应用》（外语教学与研究出版社）、《学习理论：教育的视角》（江苏教育出版社）、《中小学英语教师发展丛书》（人民教育出版社）（共计12本）。

一个价格仅为五角钱的夹子，引发了一次深刻的反思，引发了一场有关英语自主学习革命的讨论。这条教学改革之路我们才刚刚踏上，让我们用阅读和反思去不断地延伸它……

参考文献

［1］David Nunan.英语语言教学理论与实践［M］.张晶晶，任晴，王春梅，译.南京：译林出版社，2008.

［2］中华人民共和国教育部.普通高中英语课程标准（2017年版）［S］.北京：人民教育出版社，2018.

2018年5月

迎世博英语演讲比赛

——2010—2011年高二年级英语研究性学习

The 2010 Shanghai World Expo Excites Us All
高二（4）班 姜 玥

Good evening, my dear teachers and fellow students. I am so glad to have the great chance to address you all. What I am going to share with you tonight is my personal views on the 2010 Shanghai World Expo.

Eight years ago, Shanghai succeeded in bidding for the 2010 World Expo. Now, eight years has passed. But we can still remember the night when Shanghai was declared to be the host city of the 2010 World Expo. Everybody throughout the country jumped with joy and screamed, "Shanghai has won! Shanghai has won! Shanghai is going to host the 2010 World Expo!" And now, as it's known to all, the 2010 World Expo has begun. More and more people are focusing their attention on Shanghai. But we have nothing to worry about. On the contrary, we have every confidence that we can show the world an exceptional World Expo, just like the exceptional Beijing Olympics we showed in 2008. It's the right time for us to tell the world loudly and confidently—— "We are ready." It's time to let them know that China, the huge dragon in the east has risen up and is becoming stronger and stronger. I believe that as long as we work hard together and go hand in hand, the world will see exactly how extensive the Chinese culture is. Also, Shanghai, the oriental pearl will be even brighter than ever before.

Since the 2010 Shanghai World Expo opened on May 1st, nearly a month has passed. But my passion for it will never fade away. On the contrary, I'm looking forward to visiting the 2010 Shanghai World Expo during the summer vacation.

That's all for my speech. Thanks for all your attention.

Haibao, the Mascot of the 2010 Shanghai World Expo
高二（4）班　余唯乐

Hey, guys, I'm so lucky to stand here to give you a speech. I'm so proud of myself to be one of the few boys among so many girls. To be honest, I don't care too much about the result. Who will be the No.1 is really not important. For me, I just want to challenge myself. OK, I have to cut the cackle and get down to business.

This time, I would like to tell you something about Haibao, the mascot of the Shanghai World Expo.

Haibao, created from the Chinese character "人", meaning people, embodies the character of Chinese culture, and echoes with the designing concept of the emblem of the Shanghai World Expo. And you know, the name, Haibao, means the treasure of the sea, which is a typical lucky name and easy to remember. I think children love it very much. As a blue cartoon character, it is so cute. Actually, Haibao, which shows the traditional culture of China, means really a lot, not just a cute cartoon mascot. Not only does it show that Chinese people long for peace and prosperity, but also it expresses the wish of human beings to live in harmony with nature. Just like the other mascots of World Expo, Haibao shows a lot to us, to the world. I have every reason to believe that it will become part of our culture in the future. In a word, Haibao reflects our wish for an even more colorful life and it kindly invites friends from all over the world to join us to make a brighter future for all human beings.

By the way, I hope that we can meet in Shanghai this summer holiday, and take a photo with Haibao.

That's all. Thanks for listening.

My Views on the 2010 Shanghai World Expo

高二（4）班 张国玲

Good evening, my dear teachers and fellow students. I feel greatly honored to be here with you all.

I hope my English speech will be desirable to everyone here. Well, the topic I am going to deal with is "My views on the Shanghai World Expo". As we know, the World Expo is a grand meeting with a long history of over 150 years, which is regarded as the Olympics in the field of science and culture. Since the purpose of Expo is to encourage creativity, visitors are able to explore the world outside their everyday life. Actually, the World Expo has broadened the horizons of thousands of people in the world. I have good reasons to believe that great changes will take place in our life in the near future with all those terrific notions presented in the Shanghai World Expo. Though the World Expo has a long history, it has never been held in Asia. On December 3rd, 2002, Shanghai was chosen for the 2010 World Expo. So the 2010 Shanghai World Expo is not only the pride of the people in Shanghai, but also the pride of all the Chinese and the people all over Asia!

Now more and more people throughout the world are focusing their attention on Shanghai. As a senior school student in China, it is our duty to learn to be a gentle person with good manners from now on. And I'm also looking forward to going to the Shanghai World Expo during my summer holiday. Besides, we should try to practice our English as much as possible in order to communicate with foreigners fluently when we visit the Shanghai World Expo.

In my imagination, the Shanghai World Expo is a spotless and exciting exposition, which is a feast of city life. All the people can join it to enjoy themselves. As Chinese, we all are the host of the Shanghai World Expo, so let's work hard together to show the world an exceptional World Expo!

That's all for my speech. Thank you for your attention!

My Personal Views on the 2010 Shanghai World Expo

高二（5）班　冯嘉敏

Good evening, everyone!

When people throughout the world are excited about the 2010 World Expo which is being held in Shanghai, I am no exception. But what makes me more excited is that I have got a chance to share my personal views on the Shanghai World Expo with all of you.

Actually, when asked what the World Expo has brought to us, I have to admit that in some way it really disturbs me. First, it took me quite a lot of time to prepare this article. Second, seeing so many fabulous and unique pavilions on TV, my heart has already flown to Shanghai, but actually I have to wait until the summer holiday when I can visit all the pavilions in person. And third, I hope that the fans of Haibao can forgive me, because in my eyes, the mascot of the Shanghai World Expo is not cute enough and its voice, which can be heard online, is not lovely, either. But what upsets me most is that the World Expo still disappoints me to some extent in spite of the long preparation——there are yet many weaknesses in this grand show.

I can still remember when I got home on the weekend and turned on the TV to get something about the Shanghai World Expo, what came into my eyes was the heads of the people in such big crowds. Many of them just couldn't help wiping the sweat from their brows. Why were there so many crowds? I think it was because of the lack of good management. It seems that the reservation machines haven't been made full use of. However, we can not simply throw all the responsibility on the staff of the Shanghai World Expo. The behaviour of many visitors, or rather, many Chinese visitors, is just worsening the situation. For example, when the workers distributed the reservation tickets, many Chinese visitors pushed each other so as to get them. I think both these problems should definitely be solved.

The second weakness I would like to refer to is their little consideration of the weather. Who can keep standing in the open air in such hot weather for one hour or even longer? Maybe we, young people, can. But what about the senior citizens or the little children? I suggest that they should build an underground channel, not only for people to pass from one pavilion to another, but also for people to line up in places with air-conditioners.

There are still some other deficiencies that should be pointed out for the purpose of making the World Expo as well as other major events better. But there is no doubt that the Shanghai World Expo is an excellent and attractive party for the whole world. So don't be crazy if you see Angelina Jolie standing outside the entrance of the 2010 Shanghai World Expo.

Here comes the end of my speech. Thank you for your attention.

Welcome to Shanghai!
高二（11）班 肖 寒

Good evening, my dear teachers and schoolmates.

I believe that the 2010 World Expo which is being held in Shanghai now will change China in a way.

I still remember the moment when it was announced that Shanghai would hold the 2010 World Expo. It really excited all of the world. It's the first time that the World Expo is held in a developing country. And it's also the first one that takes "the city" as its theme.

"Better city, better life" is the theme of the Shanghai World Expo. We do find great changes have taken place in Shanghai, such as changes in the environment, in public transportation, in basic facilities, and so on. The greatest change is people in Shanghai, no matter the young or the old. They all learn English hard in order to offer help to the foreigners.

The World Expo is a platform for countries from all over the world to show the traditional culture and advanced technology. The World Expo is a bridge that connects our country with the world. No doubt, there are a lot of differences between China and other countries, but the World Expo binds us together. We should listen to each other, learn from each other, and most of all, trust each other. That's what this World Expo is about. We have more work to do for our country.

Tonight, if you feel the same energy I do have, the same excitement I do have, the same hopefulness I do have, if we do what we can do, then the dream of "better city, better life" will come to our true life.

So what will the 2010 Shanghai Expo deliver to the world? There is no doubt that the Chinese people will present to the world a successful, splendid and unforgettable exposition.

Thank you for your time!

Better City, Better Life
高二（12）班 劳姗薇

Hello, everyone! Today I feel so honored to stand here to deliver my speech. My topic is "Better city, better life!"

It is so exciting that the World Expo is held in Shanghai! As a Chinese, I am really proud of it. Apparently, it will benefit the whole nation in many ways. For example, it offers a good opportunity to attract more investment and make profit. To meet the need of foreign guests, China will improve its infrastructure and traffic facilities, which, of course, will improve the living conditions of Chinese people in the long run.

There was a time that the natural environment unselfishly brought us endless amazing things, such as the fresh air, clean water, thick forest and the wonderful singing of birds. What a beautiful picture it was! Our ancestors lived harmoniously with nature. Yet, the development of today's economy came at a price. Now at the mention of city, some pictures that first come to mind are the smog-covered big cities, the smelly water and the dusty streets as well as the breathing troubles that go with it. Luckily, the governments of many countries and many people in the world have already realized that economic development and environmental protection are equally important. While industry keeps developing, we should spend more money in improving the environment. This is why the theme of the Shanghai Expo is "Better city, better life" and this is why the global communities strongly emphasize the low-carbon economy and advocate people to keep a low carbon lifestyle. Hopefully, we can establish better city environment and build better cities for all of us to live in.

Now, the 2010 Shanghai Expo has successfully opened and been very busy welcoming guests from home and abroad. As the largest of its kind, we can enjoy the world's cultural treasures, scientific and technological achievements. So we all share the responsibility to make every effort to protect and promote the image of China.

At last, let us join our hands with our own actions, with our own wisdom, to write a glorious part of our Expo.

Get Ready, Shenzhen

高二（12）班 洪靖瑜

Honorable judges, ladies and gentlemen:

I am so proud to have this chance to stand here as well as sharing something about Expo 2010 with you.

It's known that the Shanghai World Expo is the first comprehensive World Expo held in a developing country, and it is also the first one that takes "city" as its theme, hoping that it can push forward the city development, just like the theme——"Better city, better life".

On May 1st, 2010 we all witnessed the splendid and unforgettable opening ceremony of the Shanghai World Expo. It gave a really great beginning of this event. There's no doubt that we will present a meaningful and distinguished exposition to the world.

As a middle school student, what can we do for the Shanghai Expo?

Because of the World Expo, the passion of learning English among people has been ignited. Not only students but also ordinary laborers have been learning English with an unmatched eagerness. We may not participate in the volunteering work in the Shanghai World Expo, however, in 2011, the World University Games will be held in Shenzhen. We will welcome people from all over the world. In order to make a good impression on them as well as meeting people's need, we need to do better. I used to learn English just to pass exams and to enter a good university upon graduation. Now I think good English can enable me to do some other meaningful things, such as serving as a volunteer, an interpreter or just giving our foreign friends whatever help they need. I love my city, I love my country, and therefore I will go to all lengths to improve my English so as to serve the World University Games.

The chance will come for us to show Shenzhen to the world. Let's get ourselves ready for this coming big occasion.

My Understanding about the 2010 Shanghai World Expo
From: Hawaii Peng (彭伟怡) Class 12 Grade 2

Good evening, everyone,

It's my honor to be here today to share with you something about the 2010 Shanghai World Expo. At the beginning of the speech, I want to ask you two questions. The first one is: Have you heard of World Expo? Absolutely everyone's answer is yes. Then my second question is: How much do you know about the 2010 Shanghai World Expo?

As we know, it's a pride that the 2010 World Expo was chosen to be held in Shanghai, China. It will centre on innovation and interaction. Innovation is the soul, while cultural interaction is an important mission of the World Expositions. In the new era, the 2010 Shanghai World Expo will contribute to human-centred development, scientific and technological innovation, cultural diversity and win-

win cooperation and contribute to a better future, thus composing a melody with the key notes of highlighting innovation and interaction in the new century.

Moreover, the 2010 Shanghai World Expo will be a great event to explore the full potential of urban life in the 21st century. Fifty-five percent of the world population are expected to live in cities by the year 2010. The prospect of future urban life concerns all nations. Being the first World Exposition on the theme of city, the 2010 World Exposition will attract governments and people from across the world, focusing on the theme "Better city, better life". For its 184 days, participants will display urban civilisation, exchange their experience of urban development and explore new approaches to human habitats.

Also, we do find great changes have taken place in Shanghai. The streets have become broader and more beautiful, and the buildings have become tidy and clean. Various kinds of pavilions allow us to see the colorful world without going to other countries. I am going to Shanghai and witness the great exposition this summer holiday. And I think it's really worth a see! Nevertheless, the biggest change is in people, no matter young or old, all learn English hard. They are welcoming people from all over the world, and helping foreigners know more about Shanghai.

Standing here, I sincerely hope the Shanghai World Expo will be a huge success, and show the world our country's power and great potential!

Thank you for your listening.

2012年10月

有关英语写作的一些"事儿"

一、基础写作

1. 不审题

在2007年试卷中,有一题列举东北发生大火,要求我们据此写一篇简讯,即通讯报道。那么,你的5个句子中要出现according to the report,it is reported that,it is estimated that,to sum up 等标准的新闻用语,否则阅卷老师会视你为审题不清——没有出现核心句型。还有一点,通讯的基本要求是什么?当然是第一句话就要告诉读者何时何地发生了何事。可是有些同学好像就是要让读者急死才开心,写了三句还不说明到底发生了什么事。

建议:每道基础写作题,基本上都是围绕着一个话题来设计题目的,所以大家拿到题目,首先应该考虑的是出题人想借助此题来考查我们哪个方面的交际功能——是提建议?还是道歉?是写通知?还是写演讲稿?确定了文体,然后借助相应的句型去组词造句就可以了。一位广州专家曾经说过,基础写作的设计过程是:一群高考专家扎堆在一起,先确定一个或几个句型,然后根据这几个句型去人为创造、编写一个场景。基础写作题就这么出炉了。所以,基础写作重在考查句型。

《优化设计》一书,每个单元的第一页都有本单元最重要最基本的词汇短语,还有交际功能板块。例如,第169页中有star做动词的用法,"功能"板块中还有给大家归纳的如何表达emotion的句型。这些都可以利用。

2. 都是第一句话惹的祸

第一句话写得太难受,强行将几个不相关的信息组合在一起,看了之后给人词不达意的感觉。请看以下学生作文:

（1）Electronic card, which can save material and protect our environment, is vivid and interesting as well as being able to show cartoon videos and give out beautiful sound.

（2）A new kind of card, electronic card, not only saves the material, but also protects our environment, while we should spend lots of paper in making a traditional card.

（3）Electronic card, no waste of papers, protect our environment, is becoming more and more popular.

很难看吧。什么才是好的？请往下看：

（1）There are many differences between electronic cards and traditional paper cards. Using the electronic cards can help us protect the environment as well as save lots of natural resources.

（2）A big forest fire broke out in the northeast of China in the early April. It is said that the reason for the big fire was that a young worker smoked carelessly in the forest.

（3）Nowadays, electronic cards, with interesting pictures and vivid sounds, are more widely used than paper cards.

建议：第一句话宁可是个简单句，也不要故弄玄虚。大家欠缺的是信息的重新组合和加工能力。

再比较这一组：

（1）Tonight, I attended Li Jiang's birthday party, where we sang and danced together as well as enjoyed our time. After leaving his home, I decided to go back home on foot instead of taking a taxi because of the late time.

（2）This evening I went to Li Jiang's birthday party and we sang and danced, so we had a good time. After that, I had to walk home because when I left Li Jiang's house, it began to rain and it was late.

3. 时态运用不当，语态把握不准，惯用语记不牢，词性辨别不清，动词和动词短语选用不当

比如：

——火灾、疾病、战争的爆发多用break out，而不是take place、happen。

——in modern social（society）.

——with the development of economic（economy）.

——at the beginning of April（in the early April）月初很少用at the beginning of 这个短语，虽然从语法上说没错，但是不常见。因为at the beginning of多指开始的那一刻。

——electronic cards can be made（designed）by computer.

——in the north of China（in the northern part of China）.

4. 出现两个谓语

尤其是在there+be句型中。比如：

There were 200 soldiers and local people put out the fire.

5. 句式结构单一

篇章结构松散，套用汉语句式。很多学生一个句子写下来，不是单词拼写错，就是时态错，还有可能定语从句少个先行词或少个关系代词，或者句子没有谓语动词。在英语界流行一句话——如果一个句子出现三个以上的错误，视为无效写作。

怎么办呢？记住：一定要重视写作过程，加强"写前细构思—写中讲技巧—写后重润色"的技能。

写作是作者与读者之间的一种默契。尤其是基础写作，多半是实用文体，讲究的是口语化、简单化、清晰化、普通化、大众化、西方化。因此，在基础写作训练中，我们要以读者需要为突破口，摒弃离题的话语，写齐所有内容；用妙笔连贯短文，力求意尽则止；不咬文嚼字，不做酸秀才。

二、读写任务

大多数教师都觉得我们的读写任务比基础写作完成得好多了。我并没有十分轻松的感觉。其实，事情并不像大家想得那么简单。透过现象看本质，我们的一个优点是：概括部分基本上能准确找到key words，也能巧妙地将其用自己的语言串成2到3个句子。但是，有些比较难以理解的文章还是找不到中心思想。还有一点就是我们的思维已经被一个固定模式给禁锢了——the passage mainly tells us that... 是不是今年的高考题目会另辟蹊径，打破这个窠臼？让我们做好充分的心理准备（到了高考现场一定要把题目要求看清楚，不要一拿起笔就是in the passage, the writer tells us a story that...)。还有一个很大的优点是文章的框架已经搭得很稳当了,知道一个任务一个段落,也能够开门见山按照给予的任务,问什么就写什么。可是,我觉得还是少了点儿什么。到底是什么呢?先看几篇文章:

(1) It's time that studying abroad has become a trend. Since I live in Guangdong, this phenomenon is much obvious here. For instance, in my class, there are already three persons who have been ready to study abroad. Just like every coin has two sides, studying abroad may have more chances to touch the world, and if they can go on living abroad, they may live a better life. But if they haven't learnt anything there or if their universities weren't good enough, they may have a big challenge in finding a job.

(2) It has been popular and the number of Chinese studying abroad is increasing. In fact, it is also a way to get rid of the entrance examination, which is a great pressure on Chinese students. What's more, the students studying abroad can practice their English and learn more culture of foreign countries, which can expand their sights. Otherwise, it is also an economic pressure for a family to afford a student studying abroad.

In my opinion, studying abroad is a good way to teach a student to be independent. But with the development of Chinese education, it is also a good choice to study in China. What's more, attending the college entrance examination can be a challenge for ourselves. So, studying abroad or in China are also good for students' growing.

看完了,什么感觉?怎一个乱字了得。那位广州专家说的没错——读写任务重意义。意义就是作者即你本人对此话题有没有一个非常合乎逻辑的、缜密的思考,有没有自己的见解。就算有,你的见解能说服人吗?你的逻辑分析清晰吗?你有自己的idea吗?

再来一篇:

It has been a common phenomenon that more and more students have a strong desire for going abroad. Frankly speaking, students who study abroad can be given better education and job compared with the students who study at home. What's more, they will get more pay but work in less time. However, just like everything has two points, studying abroad has both its advantages and disadvantages. In the foreign countries, you will find it is hard to communicate with others, and when you come across problems, you will also find few people can give you a hand.

As far as I am concerned, studying abroad is a good chance for us. But when studying and working abroad, please remember that you are Chinese and your root is here. What you do must be beneficial to your country.

这位小作者的思路清晰多了。简单说说优势和弊端就足矣，不要强迫自己将问题的方方面面都点到。很多学生选用的句型或要表达的意义总是给人一种很模糊、很暧昧、很不想把事情说透的感觉。看了半天像是说优点，但又不把优点光明正大地摆出来。

请欣赏范文：

The main idea of the article is that: Today, a large number of middle school students are studying in western countries, which surprises some western people.

We often read in newspapers that more and more Chinese parents sent their children to study abroad.（现象）There are many advantages in attending schools abroad. First of all, young students can learn more advanced knowledge of science and technology. When they come back to China, they can use what they have learnt to better serve our country. Besides, they can learn and grow up in different cultures, which help them understand the world better. Learning foreign languages more quickly is another advantage, too.（优势）However, there are some disadvantages. When middle school students go abroad, most of them are too young to live by themselves, because they have been taken care of by their parents at home and they have had no experience to live independently.（弊端）

In my point of view, I don't agree to go abroad to attend schools abroad. With the development of our country, we now have both advanced equipment and many good teachers as well. So long as we study hard, we can study well at home.（个人观点）

分析得很透彻、很到位。

2008年12月

第三章

备课策略

3

2011-2012年高三（3）班英语备考计划

一、研读考纲和新课标

仔细分析研究近三年广东省高考英语科目考试指导，将理论潜移默化于每天的教学环节中。

二、分阶段，步步为营

第一阶段：7月至9月——"学法指导"为重中之重

（1）继续上新课的同时，以最快的速度了解班级学情，掌握每一个学生的特点，定下英语科要帮扶的对象。

（2）学法指导，培养自主学习习惯，并强化检查，抓好落实。

（3）融入班级，尽快在师生之间达成默契——这样我在班级开展工作才能事半功倍，才能将班级拧成一股合力。

（4）让自己在最短时间内在学术方面和人格魅力方面树立良好的形象，在后面的300天师生一心、团结并进。

第二阶段：10月至年底——"自主学习"为重中之重

（1）在第一阶段的努力下，学生应该渐渐学会了自主学习。对于高三（3）班的学生来说，高三的复习不应该是"炒剩饭剩菜"，而应是知识的二次加工和提炼。其中，一个重要的环节是我将带领学生学会知识的分类、归纳、反思。要让学生形成"分类练习—归纳—反思—巩固练习—掌握提升"的良性循环。

（2）我将在学生做题之前做题、选题，再科学地布置作业并让学生完成，不能搞题海战术，不能浪费学生宝贵的时间。

（3）夯实基础。再优秀的学生、再难的高考题目都离不开对牢靠的基础知识的掌握。在高一高二的基础上，学生已将零零散散的知识点颗粒归仓，形成体系。同时，学生应该在第一阶段的训练中养成了做读书笔记的好习惯。

（4）实行个性化教学和统一行动相结合的教学模式。白天上课以统一步骤为授课方式，但是早读、晚读和晚自习时间应该是个性化学习的时间。我将根据班级学生不同的英语掌握程度布置不同的任务，作文作业做到面批面改。

第三阶段：2012年上半年——"提升能力，尖子生培养"为重中之重

学校、社会和家长对高三（3）班的期待不仅仅是考上重点大学，更希望有名牌大学生，有各科全市靠前的排名。

（1）从高二期末考试的情况看：高三（3）班英语平均分目前在年级还没占领先优势，甚至比文科重点班还略低一点点；单科年级前10名仅仅占到2位，且不是前3名。所以，这是要引起我重视的地方，更是我工作的重心之一。第一步：整体提高高三（3）班英语水平，要在寒假之前将高三（3）班的平均分提高5分。第二步：培养英语单科区、市尖子生，力争在2012年的高考中使高三（3）班有学生英语成绩进入全市前100名，分数达到140分。

（2）尖子生的培养，重点就是能力的提升。我要做的事情就是借助一些材料，如《新概念英语3》《大学英语精读》《大学英语四级》等，拓宽学生的知识面和对知识的处理再加工能力。走访外国语、育才、翠园等英语优势学校后我发现，几乎各个学校的高三都在使用这些材料。那么我应该将这些材料进行二次加工、挑选、整合，做成学案供学生在课内外使用。

（3）一定要培养出3个左右英语特别拔尖的苗子，无论"深模""广模"，还是高考，都能起到引领作用。这需要我慢慢去观察，投入个人情感，提供不同的材料。希望不是"可遇而不可求"的！

先动脑、再动手、科学备考、领导掌舵，我们肯定行！

2011年7月11日

追求高中英语教学有效性的几点策略

2004年秋季开始实施的高中新课程改革，历经三个多春秋，顺利完成了首轮实验任务。这次课改，并不是对现行课程的简单调整和修正，而是对与素质教育相对立的应试教育课程的一次重建，是一种文化重建，它将培植一种有时代气息、体现时代精神、与时俱进的民主、开放、科学的新文化。从我们教师的角度看，过去熟悉的教学要求和教学内容改变了，传统的教学模式打破了，衡量教学效果的评价方式也发生了变化。最重要的是，我们的学生身心各方面发生了巨大的变化，深深烙印上了这个时代的特点。这就需要我们尽快转变教学观念，掌握新的教学内容和教学方法，使我们的课堂真正做到有效、高效。

作为一名目前在区属国家级示范普通高中任教的英语教师，我在日常的教学工作中，自创和向同事们学到了一些颇有新意的好点子、好方法，在此和同行们进行交流、学习。

一、突破常规阅读模式

相信每位英语教师都有聆听各类公开课、示范课、竞赛课的经历。我们不难发现，其中有相当一部分课是阅读课。多数参赛教师遵循的都是传统的阅读模式，即before reading、during reading（by doing some exercises，such as asking and answering，true or false）、after reading（by discussing or retelling the passage）。课堂的各个环节几乎都是精心设计好的，教师的任务仅仅是点点鼠标、放放幻灯片。学生似乎对诸如此类的课堂模式早已习惯和麻木，只是机械地按照教学步骤完成一个个任务，课堂毫无生气可言。我们完全可以点燃智慧的火花，突破传统的模式，活跃课堂，让我们的课堂回归学生。

1. 角色互换

在传统的英语阅读课上，教师会先让学生快速阅读2~3分钟，找到文章的main idea 或key sentences，然后安排学生阅读第二次，通过事先设计的一些问题来检验学生学习的效果，这是典型的"教师提问—学生回答"的模式。其实，我们不妨来个角色互换，让学生来设计问题，让学生自己来回答。这样一个小小的互换，学生的主体性马上就得到了体现和突出。课堂立刻回到了他们的手中。学生们为了能设计出好的问题，必然会投入文章中去，在不知不觉中，文本信息就都被掌握了，同时锻炼了他们的口语表达能力和用英语思维的能力。正所谓，一千个读者眼中就会有一千个哈姆雷特。学生读完文本，可以从不同角度思考并进行提问，课堂精彩连连、创意无限。同样的提问和回答，交换一下角色，就发生了巨大的变化，从而提升了课堂的有效性。

比如本人在教新人教版高中英语必修一Unit 5 *Nelson Mandela—a modern hero*一课时，学生们设计了许多好的问题，如What kind of person are you? Do you have the qualities to be a great man? Would you like to be a great man or a famous man? If you were Elias, would you help Mandela to blow up the government buildings? Why? Do you think that those who are working in the government buildings are supposed to die? 等。学生们在设计和回答这些问题的过程中对文章有了非常透彻的了解。

2. 类比阅读

本人目前执教的是本校的实验班，学校各级领导和教师以及学生家长对这届学生都充满了期待。执教该组的老师也都感觉到自身的责任重大。当然我们也得到了学校的多方支持。比如，我们英语组就配备了好几套高中英语教材，有外研社的、北师大的、上海牛津的，大大扩充了我们的教学资源。在执教高中英语必修一Unit 3 *Travel journal* 时，本人觉得*Journey down the Mekong*一课内容并不生动有趣，且全文被切割为6个板块，分散在阅读、语言使用、听力、书后练习等多个环节，教起来非常棘手。故本人找出沪教新世纪版的一篇类似话题的文章*The Sydney Harbour Bridge*，将两篇风格相似的旅游游记放在一节课上，给学生上了一节比较阅读课。课堂上，我要求学生分别找出两篇文章中能体现主人公性格特点的句子，再用自己的话语总结、归纳。学生们在课堂上将两篇文章反复地读了好几遍，找出了若干句紧扣人物性格特征的典型好句子。同时他们用了许多高档、优美的词汇来形容这两个人物的性格，如romantic、self-centered、adventurous、full of passion等。最后，我设计了一个discussion——plan your own traveling schedule，并给学生提供6个 destinations 供选择。一节课下来，没有能引起审美疲劳的fast reading，careful reading 和 answer my questions。学生在45分钟内读懂了两篇文章，分析了主人公的性格特征，还设计了自己心仪的旅游方案。这一切，都是学生自己在探索、在发现、在设计。我仅仅是在组织、在一旁帮助。这充分体现了新课标推崇的自主学习和课堂活动的有效性。

二、词汇和写作相结合

新课改的一个重大变化就是词汇量的陡然增加，从过去的2000个词汇到如今的3500个词汇。许多学生认为，高中英语学习最大的障碍就是难以突破词汇。为此，本人也做了一些尝试。首先，建议学生们准备一个词汇归类本，将之命名为"Word Bank"。每个Unit结束后，我和学生一起将该单元的词汇归类。比如在高中英语必修一Unit 1中，学生学到了许多描写人物性格特点的词汇，如confident、generous、responsible。学生们将之收集在一页纸上，留下空白以待补充。到了第三单元，将stubborn、determined、make up one's mind等添加进去。到了第五单元，又将mean、devoted、reliable等添加进去。这样日积月累，书本上的词汇就根据各个话题进行了归纳汇总。我要做的是按时安排学生记忆某个话题的词汇。学生通过反复记忆和老师的鼓励，感觉单词变得不再那么杂乱无章了，并且单词与单词之间也不再是那么毫无联系了。他们学会了知识迁移、学会了联想记忆、学会了分类记忆；他们在写作中能从最简单的"good、happy、very angry" 到熟练运用模块中的高档词汇和短语，使自己的文章不再让读者觉得满纸baby language。下面是部分学生写的句子：

——You meet the local people, get familiar with their custom, enjoy their foods and have a feast of exotic events.

——If you do so, no matter how wide the plain is or what the altitude of the mountain is, since you are determined, you can achieve them!

——They are always active and never lose heart.

从几乎每个句子中都能发现模块中新词汇的影子。新课标的要求就是让学生在运用中体会，在体会中自主学习。在写作中，词汇分类学习能帮助学生最大限度地把语言输入转化为语言输出，提高学生记单词的效率，增强语言的生成能力。

三、丰富多彩的作业布置

完成作业是教学环节中不可省略的步骤，它是检测学生学的效果和教师教的效果的最简单易行的办法之一。但是，一般情况下，英语科的作业布置无非是写作文、背句子、记单词，或者是将一套完整的套题发下去。其实，在高一高二的课堂内外，教师完全可以开动脑筋，想想能够吸引学生并达到作业高效化的好的创意。

1. Daily Report

许多英语老师都喜欢在每节课开始的时候，花上5分钟左右的时间安排学生进行Daily Report，让学生自觉按照学号每天"轮流坐庄"。此举最大的一个弊端是每次仅仅锻炼了一名学生，其他皆是看客。本人想到了一个方法：将每个学生的学号分别写在一张硬纸片上，装在一个废旧的糖果罐中，每天上课时随手抽出当日的"lucky dog"。此举一出，学生们兴奋不已，大家觉得每天最刺激、最"惊心动魄"的就是英语课上的5分钟了，过程中有失望、有紧张、有兴奋、有开心。这样，不需要老师去说明Daily Report的重要性，每个学生都会提早做好准备。

除了利用name card刺激和鼓励学生开口说英语，本人在Daily Report的内容上也动了脑筋，不仅仅是让学生随意拿篇文章读一读就了事。一般来说，Daily Report会紧紧围绕最近发生的校园内外的典型事件和课本内的话题。如刚刚升入高一，第一周的话题是"My first week in Long Cheng High School""How to make friends with my new schoolmates"。军训归来后的话题是"My military training"。学到第五单元了，话题也随之变化为"Introduce a great person to you"。这样，Daily Report的有效性大大提高了，而不是流于形式，走走过场。

2. 增加阅读、视听作业

听说能力、阅读能力是学习语言必须具备的基本能力。然而我们的学生过度地注重机械记忆和盲目做套题，希望借大量做题来提高考试的分数，殊不知，语言有其特殊的学习规律，凡事不可脱离事物的发展规律，更不可急功近利、揠苗助长。为了帮学生从误区中走出来，本人设计了多种作业形式。一是，每天泛读一篇文章，第二节课一开始在做完Daily Report之后，再就前一日阅读的文章做一个"Find the best choice"。每篇文章仅设计了一个题目，有main idea，the best title，true or false，infer，conclusion等。二是，每周周末看一部英文电影，由班级QQ群管理员负责将电影名字挂在班级共享空间。开学至今，学生已经欣赏完了*High School Musical*、*Transformers*、*Mama Mia!*、*Kung Fu Panda*等多部英文原版、带有中英双字幕的原汁原味的电影。每看过一部电影，我会专门拿出一到两天的Daily Report时间，让学生们自由谈论本周的电影，话题有故事梗概、难忘的情节、学会的句子和单词等等。学生们兴趣很高，到了周五就问老师这周又给他们下载了什么。也有学生很热情地向老师推荐自己看过的好电影。作业形式的多样化并不影响知识的复习和巩固，如此这般，整个班级甚至年级学英语的气氛变得更加浓厚和鲜活了。课堂内外，师生之间每一项活动的开展都围绕着学生英语语言能力的培养和提升，围绕着课堂内外的有效学习，处处闪烁着智慧和创意的火花。学生们为此起了个十分贴切的口号——"Project 211"。"2"——一天记2个单词；"1"——一天读一篇文章；"1"——一周看一部电影。

  结束语：俗话说，教无定法。新课程的开展，其实就是给教师提供了一个更广阔、更自由的创意平台。本文是本人对起步阶段新课程教学实践的经验总结，希望起到抛砖引玉的作用，让所有的英语教师一起来努力，真正实现英语课堂内外的有效性，还课堂于学生。

2016年7月

2012年高三英语高考备考回顾

一、分层次,多条腿同时走路

2011年7月开始,我们果断地将全年级分成两个梯队,理科组1~5班和文科组10、11班为第一梯队,其余班级为第二梯队。第一梯队的班级继续上模块9和10,以及加订一份英语报纸;第二梯队马上结束新课,开始总复习。

二、重视听说

自从2011年广东省高考改革以来,15分的听说考试提前到3月份进行。2011年全校听说考试平均分为9.8分。今年我们下定决心有所提高。在具体措施上,首先我们保证每周三的晚读时间为听说训练时间。我们将听说光盘拷入每个班级的电脑,并对课代表进行操作培训和指导。同时,我们在计算机科组的积极配合下,保证每周每个班在机房上一次听说课。到了2月底3月初,在年级组的大力支持下,我们利用自习课、班会课进行了突击训练。我们的策略和努力都是有回报的。2012年听说考试成绩和2011年相比,平均分多了1分多,满分15分的同学人数也比去年有大幅度增长。

三、单位时间出效益,不占用学生自习时间

我们知道高考是整体作战,不是某一个学科比另一个学科更重要。我们英语组统一了精神:牢牢把握住属于英语的时间,使单位时间内出最高效益,但是又不抢占学生自习时间。所以,无论是班主任、级长还是主任、校长,无论是在每周的英语早自习、晚读时间还是在英语自习课上,都能看到英语老师准时甚至提早来到教室指导学生复习。我们的方针:一是既然来了,就充分

利用；二是尽量不加课时；三是自主学习和老师控制比为4：6。以老师指导为主，学生自主学习为辅。

四、抓住新课程大背景下的高考备考特点，走出去请进来

进入21世纪，英语学科在高考备考路上有了非常大的转变。这就需要我们教师不断地去学习、去领会。在今年的复习备考的各个阶段，我们积极参加了由区里、市里组织的各项会议和研讨，学到和收集了许多最新的信息和理念，及时传达并调整运用到后阶段的教学中。我们去广州参加"广一模"质量分析会，我们请来了省英语教研员给我们做讲座。我们充分利用学校方便快捷的交流平台，将最新的文件、资料和资讯用腾讯通和邮件等形式第一时间发送到每个英语老师的手中，不是走形式的开例会，而是更加务实。

五、备考方向一定要走对

方向不对，全盘皆输。教师就像战场上的指挥官，带领着千军万马。手下的士兵很少会自己主动想问题，多半是执行上级的命令。所以，指挥官的指令就显得非常的重要。指令一错，步步都错。那么，作为一线教师我们该如何把握住高考备考的方向呢？有些教师可能会说高考怎能靠猜呢？而我却要说，当然可以猜！这里说的不是瞎猜，而是有科学依据的分析和预测。

1. 研读高考考纲

俗话说，万变不离其宗。高考题型和选材再怎么出奇制胜，总不能脱离高考考纲的指挥棒。

2. 师生一起研读近5年的高考题

学生做完近5年的高考题，对出题的难易程度、规范性、选材特点、问题设置等有了直接的体会。教师研究了五年高考题，可以归纳出写作部分已考话题，大致猜测出未考话题。我们经过缜密分析，将基础写作锁定在"描写人物"，将人物锁定在"家庭教育"或者"学校教育"。确定方向后，我们精选练习供学生反复训练。高考试题公布，证明我们的备考方向是完全正确的。2012年的基础写作正好是描述一个人，回顾三年来对你影响最大的一位教师。学生们走出考场后，各个异常兴奋。

六、整体作战，大家好才是真的好

分析近三年深圳市的高考发现，学校在全市的整体排名非常受注重，有均分排名、吻合率排名、重点上线率排名等等。龙城高中走过15年，在教学风格、教学业绩等各方面日趋成熟，有多门学科渐渐跨入全市前10的排位，这让师生们感到非常自豪。英语作为三大主要学科之一，在学生整体分数的提高方面起着至关重要的作用。英语科组11名教师，秉承着"你不是一个人在战斗"的精神，精诚合作，协调布局，资料共享，时刻保持着信息畅通，充分发挥每一个英语老师的积极性和战斗力。

总之，高考备考是一个系统工程，上到教育局局长、学校校长，下到每一位普通教师和每一位学生，都必须科学备考、科学复习，才能取得成功。希望我们的学校一年比一年考得好，也希望每一年高三下来，我们都能为下一年的老师沉淀、积累一些实用的经验。

2012年6月15日

高三常见心理现象

一、"克拉克现象"

所谓"克拉克现象"是指优秀运动员在重大比赛中不能正常表现出所具有的竞技能力，比赛失常的现象。罗·克拉克是20世纪60年代世界著名的澳大利亚长跑选手，他曾19次打破5000米和10000米的世界纪录。然而，正是这位出类拔萃的优秀运动员，在他参加的两届奥运会上（1964年、1968年）均未登上冠军的宝座，仅获得过一枚铜牌。因此，克拉克被人们称为"伟大的失败者"，研究者也借用"克拉克现象"来研究最优秀选手参加大赛的失利问题。

"应变能力差、心理失常"的原因是我们必须重视的。

考场如赛场，不少考生也有类似现象，平时学习成绩优秀，考前准备充分，对某些考试内容甚至可以倒背如流，然而到了考场，特别是到了高考这样的重要时刻，却发挥失常，往往表现为紧张、慌乱，甚至记忆骤退，脑海里似乎一片空白。这种情况被称为考场上的"克拉克现象"，也有的称之为"竞技综合征"。

按照现代医学理论分析，上述现象的本质是考生存在心理障碍，也就是说心理素质较差，不能在考试期间进行心理调节。主要原因是考生期望值过高，而又缺乏自信。想成功，又害怕失败，患得患失，压力过大，结果造成大脑皮层兴奋与抑制过程失衡，自主神经功能紊乱，各种症状便会随之而生。

克服考场上的"克拉克现象"，首先要增强信心。只有充分相信自己的实力，才能在考场上沉着冷静，使自己进入"角色"，发挥出正常水平。其次，要把主要力量集中于考试的具体运作过程中，而不要过多考虑考试的结果。再次，要注意多用正确和肯定的词语来唤起积极情绪，特别是在遇到困难时，要用"冷静！细心！沉住气！"等词语暗示自己，进行深呼吸，而少用否定性词语，如"别紧张！别慌！可千万别出错！"等词。最后，考前合理安排生活，考试时穿上自己喜欢的衣服，带上平日喜爱而用起来得心应手的用具，等等。这些虽属细节问题，却有利于保持良好心态，克服可能出现的"克拉克现象"。

二、"高原现象"

相当多的考生在高考复习过程中会出现一段时间学习和复习效率停滞不前，甚至对学过的知识感觉模糊的现象。这是学习过程中出现的一种学习成绩与学习效率停止不前的"高原现象"。

1. "高原现象"不是学习极限

它是客观存在的，走出"高原期"后学习效率和学习成绩还是会提高的。因此，"高原现象"并不意味着学习到了极限、成绩到了极限。不少考生一出现"高原现象"就感到束手无策，甚至影响心态，影响学习。有的考生误认为自己的脑子不行了，因此对高考失去了信心。有的考生由于"高原期"的存在，情绪波动很大，产生焦虑、紧张、不安甚至恐惧的情绪。由于考生对"高原现象"不了解，又不能正确对待与克服，以致负面的心态会持续影响他的复习。

2. "高原现象"是由多种原因造成的

其实，"高原现象"产生的原因是多种多样的。每个考生的学习方法、学习成绩与心态都不尽相同，因此造成高考复习阶段出现"高原现象"的原因也不同。考生要针对"高原期"的产生原因，做到有的放矢、有针对性地进行解决。

有些考生出现"高原现象"是由生理疲劳与心理疲劳造成的。高三的学习是相当紧张的，不少考生夜以继日、题海战术，无论生理上还是心理上都很疲劳。生理疲劳与心理疲劳积累到一定程度就会产生"高原现象"，感觉自己再怎么使劲也上不去了，越学越糊涂。

有些学生没有根据复习的内容和进度及时调整自己的学习方法与策略，这样也会造成"高原现象"。在高考复习的不同阶段，复习内容不一样，学习的方法也不完全相同，越是临近复习后期往往越需要知识上的综合，要力求把知识融会贯通，这就需要加强综合分析能力的运用。有些考生用前一阶段的学习方法来进行后一阶段的学习，用过去习惯性的思维对待后一阶段的复习内容，往往会产生学习方法、思维方式与学习内容上的不适应。因此考生要根据不同阶段的复习内容和所要求的思维方法与策略，适当地对学习方法、思维方式和策略进行调整，使自己走出"高原期"，学习成绩自然会有所提高。

也有些学生题做得过多也做得过乱，不仅做老师布置的卷子，还买来很多卷子做，做得晕头转向，甚至越做心中越没数，造成学习成绩不能提高，复习效率降低，出现"高原现象"。对于这种情况，考生要集中精力和时间做老师布置的卷子，这样才能心平气和，逐步提高学习效率，提高学习成绩。

3. 出现"高原现象"不必惊慌失措

绝大多数考生都会走出高考的"高原期"，有的学生"高原期"持续的时间可能长一些，有的学生"高原期"持续的时间可能短一些。因此，笔者建议当许多学生在高考复习过程中出现"高原现象"的时候不妨一起研究具体对策，大家相互帮助，共同走出"高原期"。

"高原现象"是高考复习过程中常出现的现象，不足为奇。只要采取适当措施去加以解决，就会从"山穷水尽疑无路"到"柳岸花明又一村"。

对于即将参加高考的学生而言，"高原现象"是极其有害的。因为越是临近高考，大家就越是感到时间的宝贵，倘若迟迟不见进步，大家就会有再学无用、失去信心的错误认识，从而放松甚至放弃对知识的进一步学习。这也是造成许多学生本来成绩不错而高考成绩欠佳的重要原因之一。

要克服"高原现象"，首先就得弄清其产生的原因。那么，"高原现象"到底是如何产生的呢？

众所周知，知识体系是由许多知识点和能力点构成的，它们的难度和在平时的学习中出现的频率是不同的，有的甚至差别很大。一般来说，那些难度较低和出现频率较高的知识点和能力点，大家比较容易掌握；相反，那些难度较高和出现频率较低的知识点，大家往往掌握得比较差。再加上大家的思维特点、学习兴趣、学习习惯和学习过程千差万别，久而久之，就形成了"各具特色"的"偏点"现象。

在现代教学中，由于学生数量众多加之其他方面条件的限制，教师往往很难照顾到每一位学生，甚至连学生有哪些"弱点"都很难搞清楚，整个教学只能按照"机会均等"的方式进行。这就使得学生本来掌握得较好的知识点和能力点不断被重复，而自己的"弱点"却难以得到特殊照顾。其结果必然是一方面做着大量的无效劳动，另一方面自己的"弱点"却又难以得到强化，从而最终导致总成绩徘徊不前,即出现"高原现象"。

4. 要克服"高原现象"

如何才能克服"高原现象"呢?

第一,要找出自己的"弱点"。为此,可将平时每次检测的得分情况分项进行详细记录,然后将所统计的数据逐项加以整理,将其中明显偏高或偏低的数据去掉,计算出其余数据的平均值,就可看出自己对知识点和能力点的掌握情况,从而找出自己的"弱点"来。

准确性是这一步的关键。一般来说,统计的次数越多,反映的情况越准确,所以要尽可能增加统计的次数。

第二,针对自己的"弱点",准备一定数量且质量较高的有针对性的资料或训练材料。确保质量是这一步的关键。为此,要尽可能广泛地收集资料,仔细分析、认真筛选、择优录用。在这方面,可多求助于老师,因为老师手里的资料一般都比较丰富,且老师的辨别力也要比学生高得多。

第三,拿出一定时间,针对自己的"弱点"进行定点训练。若各点的掌握情况相差不大,则选择二至三项提高余地较大又较易于提高的点作为突破点。

根据本人的经验,这一环节以一个月左右为宜,分三个阶段进行,每个阶段大约10天,其中前7天用于定点训练,然后选择一套难度适中、质量较高的综合题进行自测(最好是高考题,或是教学质量先进地区的大型考试用题)。之所以以7天为一个训练阶段,是因为时间过短难以奏效,而时间过长又容易产生懈怠情绪;之所以以综合题进行自测,是为了避免因搁置太久而在其他各点上出现遗忘或倒退的现象。

这一做法增加了复习的针对性,克服了盲目性,因此不仅增强了效果,而且节省了时间,避免了大量无效劳动。笔者已连续六年执教毕业班,一直指导学生在考前运用此种方法复习,效果非常显著,大家不妨一试。

三、心理饱和

你有"心理饱和"现象吗?

"饱和"一词系化学术语,将糖加入水中,当它不能再溶解时,叫作"饱和"。"心理饱和"是指心理的承受力到了不能再承受的程度。

如卓别林在《摩登时代》中扮演一名工人,成天做着"拧螺丝"的活,干久了,他看见路过女人胸前的一对纽扣,也用扳手去拧。又如一位领导参加书法展会,工作人员请他题字,他信手写下"同意"二字。这虽属笑话,却也是心理饱和的典型例子。

心理饱和多为负面效应。比如,教师布置100道数学题,学生开始做题时,动作快,做得也正确,但做到后来,速度慢了,还常出差错,同时出现厌烦情绪。同理,工人做同样工作,干部伏案办公,等等,都可能出现心理饱和的现象,简而言之,他们干腻了。

由此可以看出,心理饱和是一种"不安定因素",对人有害无益。不过,它并非不治之症。比如,当每天做同一工作出现厌烦情绪时,你不妨自我轻松一番——活动活动身子,极目远眺片刻,或散散步,与别人说说话,分散一下紧张的情绪。这样,可以减少心理饱和给你带来的精神压力。

对于心理饱和,我们应有清醒的认识:在我们的生活中,它无处不在,并时时干扰我们的正常生活。我们应当有充分的心理准备和预防措施,一旦遇上它,要沉着,莫惊慌,要善于知己知彼,采取各种有效的方法,将它"大化小,小化了",让它远离我们的正常生活。

一封学生来信引发的讨论
——对于学习,我为何这么"木"

肖老师:

您好!

我是一名高中生,学习任务很重,老师教学进度很快,使得我都忙不过来了。我很勤奋,很想学好,但就是学不好,特别是理科方面。每天晚上我总是学到一两点才睡觉。我也知道这样效果不大,很想把学习方法从粗放型向集约型转变,但就是不知具体该怎么做,成绩才能有所提高。虽然我脑子不是很好,但我很刻苦,我不怕苦的。谢谢!

肖老师,你能帮帮我吗?不然我就愧对父母了,愧对所有关心我的亲朋好友了。

林娟

林娟:

你好!

曾有许许多多的中学生,问过我同样一个问题:"我学习非常刻苦努力,简直是分秒必争，可我的学习成绩却为什么老提高不了呢？难道勤奋对于学习来说不重要吗？"

每当此时，我总要反问他们一句："你是真的很勤奋吗？"

"怎么不是呢？我几乎把所有的时间都用来学习了，每天晚上都要学到12点，难道这还不算勤奋吗？"他们诧异了。

"未必。"我摇了摇头。

他们眼睛瞪得更大了，他们想象不出。按照他们的"勤奋"标准，他们开夜车开到夜里几点，甚至于连觉也不睡了！

其实，我评判一个学生是否"勤奋"，绝不看他在学习上"耗时"的多少，而要看看他"耗脑"的程度。

记得以前我在中学代课教数学时，班上有位女生学习非常"勤奋用功"（暂且先用这个词）。她上课紧盯着老师的一举一动，手下的笔还不停地记，回家以后除了吃饭睡觉就全都用来学习了。然而即使这般努力，可她的数学成绩却总是不好，时不时地上演"红灯记"。

有一天，我指着考试卷上她做错的一道题，问她为何采取这种错误的做法时，谁知她一脸困惑地反问我道："不是您这么讲的吗？"我没料到她会这样回答！不是因为"我是这样想的"，也不是因为"根据某某定理"，而是因为"老师你是这么讲的"。我当时真不知道是为拥有这般"听话"的学生感到"自豪"呢，还是感到"可悲"呢。于是我又重点地观察了她一阵。我发现她在课堂上把自己的全部精力都放在对老师所讲做抄写的工作上，整个课堂完全围着老师的舌尖转。结果，数学这门最需要学习者脑力劳动的科目，在她那里变成了"手力劳动"和"眼力劳动"，因而难怪她总是入不了门，开不了窍呢。

有许许多多每天都在耗时费力地学习的学生，他们的情况与上面的学生完全类似。抄笔记，看书上的题，死背定理定律，看起来挺忙活，实际上在学习中他们有一个致命的"弱点"——那就是懒于思索。然而思维在学习中是居于核心地位的学习方式，学习而没有开动自己的大脑，几乎等同于没有学习，就像吃东西不咀嚼一样。所以对这类学生的所谓"勤奋"，我一概不予承认，至少我认为他们算不上真正意义上的勤奋。

在学习中能否敢于动脑、乐于动脑、善于动脑，就成了学习能否成功的一个最为关键的因素。反过来说，要想学习成绩居于优势地位而又懒于动脑，就如同练游泳的想要拿冠军却很少下水一样荒唐可笑。某位全国物理竞赛一等奖获得者曾说道："我最重要的经验是注重想，而不是注重看。"另一位全国数学大赛优胜奖获得者也说道："没别的，我就是想得多一些。"每个学生都愿让自己的学习成绩不断提高，那么就请先从勤于思考开始吧！

　　学习的关键在于实践了多少，这不是用时间来衡量的。所以请你努力调整你的学习态度和学习方法，跟上老师的教学进度！加油！

肖峰

　　大家好！

　　感谢你们把我当作好朋友，和我沟通、交流。有时觉得，我要是能帮你们点什么就好了，让大家不那么累，不那么焦虑。其实，我自己也是从你们的今天一步步走过来的。读书，和别的事情一样，首先讲究的是那么一股灵气，在最少的单位时间内出最大的效益，自己不累，戏又唱得好看。再有，不要对自己要求太高。看看我，我从未对大家提出过任何过分或难以达到的要求，但是我似乎还教得不错，呵呵。心态好，什么都好。

　　日子过得很快，高三的日子被日历上几次考试轻轻代表——惠州一模，深圳一模，惠州二模，广州一模，深圳二模，广州二模，学校自模，高考。春节后的三个多月，集中了几乎所有的模拟考试，还有高考报名、体检、填志愿、口语考试、留念照相等一系列活动，坐在教室里静静听上几节课都变成十分奢侈的愿望。所以，大部分的基础知识的再认与巩固都要在年前基本完成。一般来说，数学和英语的成效是很缓慢的，时刻不能放，真正实在要放也是明年5月份。而有些科目是可以通过最后三个月突击猛攻一下的，当然并不是鼓励大家这么做。

　　8月4日开学，到今天已经快三个月了。每天超负荷的脑力劳动让我们心力交瘁，似乎要有点什么"噱头"让我们兴奋一下才好——让我们看到自己的成长，看到自己的进步，看到付出的回报，看到喜悦，看到充实后舒心的一笑，看到老师的满意、家长的祝福。但是，好像很久很久了，啥也没有，啥也没发生。每天就这么三点一线地莫名其妙地过着。

　　除了9月17日我们学校自己组织的一次月考，还没有一次大型、权威的考试。是看得太重，还是太轻？好像都有点极端吧。终于，惠州一模来了！内紧外松，从容备考，才能看到自己的成长，看到自己的进步，看到付出的回报，看到喜悦，看到充实后舒心的一笑，看到老师的满意、家长的祝福。

既然选择了，就做好吧。当某天风轻云淡，蓦然回首，往事虽了无痕迹，但也曾历经沧海。这一段路上，有欢笑，有泪水，有他，还有她，多好！！！

小方

2011年4月

结合阅读　提高写作

《普通高中英语课程标准（实验）》明确提出了语言技能包括听、说、读、写四个方面。其中，听与读属于输入，说与写属于输出。这四项基本技能在英语学习过程中是相辅相成、相互促进的关系。2004年以后，广东省的高中新课改让教师在教材的处理和安排上有了更多的主动权。在一个单元的教学中，教师可以把几个单元甚至整个模块的内容根据实际需要进行组合，也可以将听说读写融合在一起，让学生通过大量的综合性语言实践活动，形成综合的语言运用能力。尤其是2007年后广东省对高考英语科试题做了大幅度改革，取消了单项选择题，突出了整套题的语篇，强调了阅读和写作，其中折射的新课程理念也值得广大一线的英语教师反思——只有从认知和建构的角度，把阅读教学和写作教学结合起来，利用阅读教材训练学生的写作技巧，培养学生的写作能力，才能真正起到强强结合、事半功倍的效果。

一、利用阅读文章的题材和体裁

从题材和体裁方面看，高中英语教材中涉及的内容丰富多彩，给学生的写作提供了大量的蓝本。在高三一轮复习的过程中，教师可以根据题材和话题将8本教材进行二次整合。比如将《英雄曼德拉》《超级水稻之父袁隆平》《一代名医林巧稚》等描写人物的文章收集在一起，将描写唐山地震、海啸等自然灾难的文章整合在一起供学生复习。以这样的方式，学生会对某一个话题的句型、固定表达有一个整体的、系统的掌握。

二、利用阅读文章的篇章结构

2007年开始广东省将高考英语科写作分成"基础写作"和"读写任务"两

个部分。对于"读写任务"部分来说,掌握整体大意和搭好文章的框架是非常重要的两个环节。那么在平时的日常教学中,教师就要学会充分利用手头的一切阅读材料,向学生灌输篇章结构和框架的重要性,让学生精确抓住文章整体大意并学会模仿。

以人教版高中英语必修四Unit 1 *Women of achievement*阅读教学为例,教师应要求学生在阅读的过程中找到文章的主题句,总结段落大意,把握作者的谋篇布局思路,再总结概括文章大意。

Part 1:What do you think of this woman?
　　　　What does she look like?
　　　　What does she often do?
Part 2:What are her good qualities?
Part 3:What do people think of her?

再如,通过人教版高中英语必修四Unit 5 *Theme parks*阅读课的学习,学生自己总结了关于作者介绍主题公园的基本构思后,也学会将之使用在一些风景名胜的介绍中:

The first part:Greetings and a brief introduction about the theme park.
The second part:Introduction to each part of the theme park, including where they are, how to get there, what to see there, any extra fee...
The last part:The admission fee and good wishes.

三、利用文章的好话题进行任务型写作训练

《课程标准》要求高中学生在三年高中学习生活中,完成至少30万字的英语阅读量。仅仅依靠基本教材是远远不能完成如此大的任务量的,所以很多教师推荐学生收听一些英语广播节目以及征订各类适合中学生阅读的英语报纸杂志。科学合理地利用学生现有的阅读材料将阅读和写作有机结合起来是贯穿三年高中英语教学过程不可忽视的重要环节。以2011年3月的一篇VOA(The Voice of America)special news 为例,该篇听力文章介绍了美籍华人"虎妈"蔡美儿采取与美国文化格格不入的方法教育孩子而在美国引起热烈讨论的故事。这是一篇非常好的听力和阅读文章,我将之改编成一道广东省的"读写任务"。首先让学生阅读文章,用30字左右写出概括,再完成两个写作任务:

(1)表达对文中人物及其行为的感受。

（2）结合自己或他人的事例阐述如何平衡父母与孩子之间的关系。

下面是学生的习作：

Let children's voice be heard

For demanding excellence, Amy Chua educates her two daughters extremely strictly, who is called as "Tiger Mother". And her behavior arises a hot debate on differences between American education and Chinese education.

After reading the passage, I am deeply shocked by Amy Chua's behavior. She, in order to pursue excellence and perfection, educates her two daughters in an extremely strict way, such as making a list of "dos" and "don'ts", doing some punishment and even threat. However, parents, in my opinion, cannot impose their personal ideas on their children. A harmonious relationship between parents and children should be set up on the basis of understanding and respecting each other.

When it comes to my family, my parents, who never regard themselves as "the boss" in the family, fully understand how to keep a balance of power. My parents have seen me as a unique and independent individual with talents and dreams since I was a little kid. They always patiently listen to my ideas and encourage me to voice my own opinions rather than decide everything for me. They create such a warm atmosphere for me that I can grow up healthily and happily.

In a word, no one can act as "a boss" or "a tiger" in a family, where every member plays an equal role. Openness and consideration as well as respect can probably narrow the gap and misunderstanding between parents and children.

该话题与2011年广东省高考英语科"基础写作"不谋而合，学生走出考场后非常开心和激动，因为在高考的考场上能遇到曾经训练过或者很熟悉的话题是非常不容易的事情。

阅读和写作能力的培养在高中阶段非常重要，两者之间不是分离和各自为政的关系，而是相辅相成、互相帮助的关系。没有一定的阅读作为输入，就不可能有自然流畅、功底扎实的写作输出。在新课改的大背景下，高中英语教师要有机地将阅读和写作结合起来，将读与写贯穿整个三年的日常教学，让我们的学生即便走出高中课堂亦能受益终生。

2013年5月

2011年深圳市高三第一次调研考试分析

——龙岗区龙城高级中学

一、深圳市高三第一次调研考试龙城高级中学英语科成绩

高三理科（561人参加）：全市排名第14，平均分为94.38分；优秀率为3.57%，及格率为62.21%。

高三文科（389人参加）：全市排名第20，平均分为91.89分；优秀率为2.83%，及格率为57.07%。

有两名学生进入全市前100名。

二、成绩分析

（1）作为龙岗区的一艘有1000多名学生的"航空母舰"，龙城高中高三全体英语教师群策群力，发挥集体的智慧和力量，克服生源差等很多困难，在深一模考试中取得了较好的成绩，尤其理科英语平均分排名位列全市前14名。

（2）学生目前的状况：通过前一轮的基础复习，学生在整个知识网络结构、英语阅读、英语写作等技能方面有了较高发展和较大提高。但是，市外的学生普遍在英语表达、英语阅读量、阅读深度、语言整体把握、写作能力等方面较市内的学生有一定差距，一旦题目较难，学生马上会感觉十分不适应。

三、试题分析，对策方法

1. 完形填空

考核项目以实词为主，包括动词、名词、形容词、副词。选项中设置干扰

选项是看考生是否能在正确把握文章主题和语境的基础上充分考虑到语篇的连贯性，包括结构和意义上的连贯性，以及词汇使用的逻辑性和得体性。

学生做不好的题目涉及：词与词之间的搭配关系，句子意义和篇章连贯性。

教师建议：

（1）熟练运用英语语法和英语短语、惯用法的搭配知识。语法知识和词汇越丰富，阅读速度就越快，对文章的理解就越全面、深刻。完形填空不直接考查语法，但它通过检查理解程度，间接地考查语法知识。习语和惯用法的搭配要作为一个语言整体来记忆，平时阅读要不断锤炼自己的辨析能力。

（2）增强词汇知识和辨义能力。在阅读中要注意以下几个方面：词义相近，差异何在？词形相仿，区别何在？意义近似，用法如何？对于高考大纲中要求掌握的词汇，必须要熟练掌握它们常见的搭配和用法，同时在平时的阅读中要注意英语词汇常用的构词法。

（3）掌握阅读技巧，提高语篇理解能力。完形填空的主旨在于考查阅读理解能力，在平时的练习中要掌握成组视读、略读和寻读等阅读技巧，从而提高阅读速度。同时，要善于抓语篇的关键词、关键句、主题句和结论句，这有助于理解整篇文章。

（4）学会正确的逻辑推理方法，强化分析思考能力。逻辑思维能力有助于理解文章深层次意义，从而更易把握文章的主旨，理解作者的观点。要顺利推知未知信息，必须加强阅读以拓宽知识面。

2. 语法填空

考查能力：语法与语境的辨析能力，语法对比辨析的能力，上下文之间的推论能力，情境会话的语境辨析能力。

教师建议：

（1）注重短语搭配及应用。扩大词汇量，加强词汇训练。考生平时应不断记忆单词、积累词汇，并通过大量而广泛的阅读把词汇量提上去。这样，考试时才能迅速地、准确地写出单词或填出固定搭配。另外，该题型主要考查考生的语言输出能力，所以考生对基础词汇即常用的、易错的词要多下功夫记忆，且必须重视单词的拼写、词形变化。

（2）打好英语基础，掌握基础语法。该题型主要考查考生的语法运用能力。所以学生必须全面地、系统地掌握语法并了解语法的主要功能，在此基础上才能正确运用语法。在平时的学习中学生不仅要了解语法功能，还应学会准确分析句子结构和句子成分。对句法应熟悉不同复合句的结构，准确判断从句的性质，并熟记各种引导词的意义与作用。

（3）活学活用教材，进行全面训练。教师在平时的训练中要灵活地、有创造性地使用和挖掘教材。对课文中的经典句子、段落和常用句型要让学生背诵下来并注意积累习语、短语，对固定搭配熟记于心，对典型句式达到能够背诵和能够翻译的程度。

（4）强化语篇意识，提高理解能力。该题型的最大特点是在语篇中考查语法知识，这就要求考生具备快速阅读理解篇章的能力。

① 语感的培养：朗读、背诵。

② 限时强化训练。

③ 利用课文填空。

④ 利用其他省市高考题的单项选择题，将之改成单句填空。

⑤ 培养语篇意识。

⑥ 分析基本句子结构。

⑦ 利用《新概念英语》第二册、第三册进行填空训练。

⑧ 加强阅读。唯有阅读能力跟上去，整个英语能力才能提高。

3. 阅读理解

阅读理解经过专题训练后，学生总体已掌握一些常见、典型的解题方法，尤其原来经常出错的对"自己的主观判断"与"作者要表达的意思/题目、想问的东西"之间的混淆现在多能区分开来了，不过熟练度及信心仍须提高。因为阅读理解考查的首先是阅读技巧，所以一定要有这样的信心。哪个是答案？文章中一定有线索，就看我们有没有慧眼。做题时审清问题、找准信息点、按照训练时讲的技巧方法去做就可以了，切勿主观代入自己的想法、感觉等。总之，任何决定都应在文中找到对应的线索。

（1）以读攻读，得阅读者得天下。

（2）坚持到6月6日，每天阅读两篇文章。

（3）做题不是万能的，要读练结合。

（4）抄好词好句。

4. 写作

（1）写作最基本的要求是句子结构准确。在平时的训练中，考生要尽量选择自己最熟悉、最有把握的词语和句式，在准确的基础上尽量运用多样化的词语与句式，并注意长短句交叉使用。学生要着重掌握常用句型，适当练习一词多译和一句多译，这对提高考生灵活运用语言的能力大有裨益。

（2）"基础写作"重句型，"读写任务"重意义。学生对任务所提出的话题一定要有自己的见解和观点（own ideas），有思想就不会使句子写出来没有情感——我手写我心。

（3）书写。卷面形象往往会给阅卷人留下重要的第一印象。因此，书写也是影响考生分数的因素之一。高考评分标准中明确指出："如书写较差，以致影响交际，将分数降低一个档次。"我们在阅卷过程中的确发现有少数考生笔尖过细，书写过淡；而相当多的考生写作字迹潦草、字体大小不匀称、涂改多，有的甚至无法辨认，这在一定程度上会影响阅卷教师的评分。

（4）加强词汇和基础语法练习。方法包括：进行一定量的翻译练习，掌握常用句型。通过阅读培养概括能力，教会学生快速组织文章结构，利用一定的写作模板进行训练。

四、增长点、预达成目标的可能性分析及举措

（1）增长点：阅读和写作。

（2）预达成目标：理科、文科平均分双双进入全市前15名，至少2人进入全市前100名。

（3）举措：培养尖子生。

五、需要教科院提供帮助

（1）走出去：多多安排教师参加英语优势学校的公开课或教研活动。

（2）请进来：请教研员常来学校听课，参加备课组活动，给予建议和帮助；请高三教学一线专家"送课下乡"。

2011年3月18日

我和我的"问题少年"

镜头一：

下课铃响了，我慢慢收起课本，问了一句："Any problems？OK，have a break。"孩子们作鸟兽散。毕竟是才刚刚进入高一的新生，不像去年教高三时，几乎每节课课间10分钟都像回答记者提问一样，被学生们"围追堵截"。这时，小贤举着书跑到了讲台上："老师，这个单词怎么读？"我一听，马上一通口若悬河："要学会问问题，不要连这么简单的读单词的事情也要来问老师啊。要学会查字典，要学会自主学习……"小贤嘴巴张了又合："知道了，老师。"

晚上在家做家务，短信来了，是小贤的："老师，我们班好多同学都和我一样，以前没有学过音标。现在高一的英语书一个单元那么多的单词，学得好辛苦啊。能不能给我们讲讲音标啊。"

反思：以学生为中心，以学生的发展为中心。我没有做好自己从高三下到高一的心理衔接工作，凡事自己想当然。对班上孩子的英语现状，我没有做一个仔细的调研，便妄下结论。我以为他们和高三的学生一样，对英语已有基本的了解和认识，能自己处理很多问题。

措施：将此信息传达给全年级英语备课组，在学生中展开问卷调查，得知他们最迷惑的是音标和句子结构。我备好学习资料，从此单词和句型不再是提问的重点区。

镜头二：

这节是复习课。我在座位间穿梭。快期中考试了，我精心给孩子们准备了一些词汇练习和作文范文，供他们复习使用。这可是孩子们进入高中的第一次大型考试，他们都很重视。小刚举起手来："老师，是不是把你给我们的资料都背了，我就能拿到90分？"太幼稚了！我心中一股无名之火升起，不禁提高了嗓门："你以为你还是初中生呢！怎能死记硬背？高中强调的是能力！"小刚缩回了手，口中嘟囔："过去都是这样啊。背一背单词、句型，就可以拿高分。"

反思：授人以鱼，不如授人以渔。叶圣陶曾语："教是为了不教。"在英语教学中，教师开展学法指导是十分必要的。学法指导得好，教学会取得事半功倍的效果。我在平时的课堂上，一味注重知识的传授和讲解，赶进度、急于完成教材教学任务，竟然很少放下书本和学生好好聊一聊什么是高中英语、如何学习高中英语。若不是小刚一语惊醒梦中人，我不知还要错到何时。

措施：第二天的英语课堂，我给学生朗读了一篇文章 *How to learn English*，并将过去毕业的学生写的关于学习英语的感悟展示给他们。我谈到了单词的积累，谈到了多读课外文章，谈到了听听英文歌曲、看看英文电影，谈到了多和外教接触锻炼口语，谈到了准备一个摘抄本，谈到了 deal with English with English，等等。看着孩子们恍然大悟的样子，我庆幸，我没有错得太远。

镜头三：

Unit 4，Module（Ⅲ）是一篇科普说明文，文中充斥着若干难读生涩的词汇。一节课下来，都是我一人的独角戏，学生们昏昏欲睡。下课走在走廊上，惘然若失。这时，小明拦住了我："老师，这课文好 boring 哦。能不能讲点别的？讲奥巴马、讲NBA，我特熟。"又一个"问题少年"！小小的脑袋里装着无尽的 new ideas。好建议。

反思：教无定法，一纲多本。课改多年，我还是穿着新鞋走老路。到底是教教材？还是用教材教？课改的核心即改变教师的教学方法和学生的学习方法。教师的教学方法和模式、手段和策略都要有全新的改变，以适应新形势下教学的需要，尤其是英语的课改，提倡的是一纲多本、资源重组——在《广东省普通高考英语科考试说明》的统一指挥下，课文的题材更加新颖，内容和难度明显增加，单词和词组涵盖范围更广。

措施：引进"Chinadaily.com"的《双语新闻》栏目，引导学生每周观看一部中英双语电影，并写下读后感；订阅北师大版本、牛津上海版本的高中英语教材作为话题辅助资料；开英语时事课，谈谈 Obama 的从政经历、说说当前的金融危机、议议索马里的海盗根源……孩子们的词汇量扩大了，阅读面扩展了，知识丰富了，英语能力得到了提高。校报编辑得知后，约我写稿，谈谈新课改新理念，标题就是——"以纲为据，激活思维，培养能力"。

总结：

离孩子们近些，离真正的教育也就近些。感谢我的"问题少年"们。他们敢问、想问、会问，让我走近并且走进了真正的新课程、新课堂，了解了学生真实的学习与发展的需求。

2011年12月

第四章

教育演讲

做教书育人的模范

——2017年教师节发言稿

尊敬的各位领导和同事们：

大家好！我是来自龙高教育集团龙城高中的方静。今年，我获得了深圳市"年度教师"称号。我们龙岗区三年来两次获得"年度教师"称号，一次提名，真的很骄傲。

这个暑假，为了准备市里的总决赛，我看了大量的教育学书籍和杂志。看着看着，我心里越来越明白。

我明白了，我是教师，我要关爱学生，做教书育人的模范；我是教师，我要志存高远，做爱岗敬业的模范；我是教师，我要严谨笃学，做终身学习的模范；我是教师，我要自尊自律，做廉洁从教的模范。

我明白了，古人云"郡县治，天下安"，"郡县"就是我们的区级基层单位，就是我们的学校。只有一线的教育工作者坚守自己的灵魂，我们的教育才能打通最后一公里，落地生根。所以，我们的教育部部长说，教师是基础的基础，培养教师是根本的根本。

我明白了，更深深感悟到：教育，要由心软的人来做。教育者，要有一颗悲悯的心，要做心灵的摆渡人。教书，要越教心越痛。痛，是情怀，是大爱；痛，是在反思，是在自省——"教育要我做什么，我能为教育做什么？"

今天，我们在这里庆祝第33个教师节。 如今，我们的龙岗，是深圳东进战略的高地。龙岗的教育，要乘势而上，让全市瞩目。每年，我们的政府为龙岗人民提供越来越多的优质学位；一座座现代化的大中小学拔地而起；一批批特级、专家型教师从祖国各地来到这里继续教育的梦想；我们的孩子也可以不出龙岗，就能享受到从学前到中小学、到高中，甚至到大学的教育。作为数万龙岗教师的代表，我感谢区委区政府对教育的重视和投入、对教师的尊重和爱护。

最后，我要说，我爱我的大龙岗！祝我的同行们教师节快乐，身体健康，工作顺利，万事如意！谢谢！

2017年9月

"不要做眼里只有分数的老师"

——教师交流会发言稿

大家好,我是方静老师,也是高一历史组新老师刘子瑜当年的高三英语老师。

昨天,我在五楼走廊碰到刘子瑜下课,问他这节课任务完成得好吗。刘子瑜非常开心地说:"完成得很好啊。我没想到龙高现在的学生生源这么好。学生真的好乖啊。"他有初为人师的小确幸,有小小的惊喜和激动。

龙高这几年的变化和发展太大了。高考重点率突破50%,学生去了广州、上海、北京,去了俄罗斯、意大利,或就近去了港中大(香港中文大学);教师中有了特级、正高级;学校有了自己的教育集团。这些,值得每一位龙高的师生骄傲。

那么,新入职的教师们,我想和你们分享一下我的一些想法:

(1)尽快叫出学生的名字。半个月怎么样?

(2)尽快构建本学科高中三年的知识体系。去借三年的教材,做近三年的高考题,否则你的课堂将很难拓展,很难自圆其说。

(3)先学会上课,再学着做班主任。不要受网上一些鸡汤文的干扰,比如说"不要做眼里只有分数的老师"。但我觉得刚上班的新老师眼里有分数,是件好事情。至少他会去想办法提高学生成绩。

(4)送一个字:"熬",或者"磨"。不要折磨学生,要打磨自己。好好备课、上课,否则真的是折磨学生,浪费学生时间。所以,好好备课,批改作业,做每一道题目,看几本专业书及教育学、心理学方面的书。不会上课,就把课调到师傅的课的后面。先去听,再去上。当年我们的刘一兰老师,一个学期听课100多节，平均一天听1~2节课。在2005—2015年这十年间，只要是谈到年轻教师的成长，基本上就是拿她做例子了。

（5）每天开开心心上班，开开心心下班，情绪很重要，远离负能量的人。有些话，有些事情，可能别人能说，咱们不说，别人能做，咱们不做。

建议很多，时间有限。总之，流水的学生，铁打的校园。我们有缘做五年、十年，甚至更长时间的同事。我们工作上所有的一切幸福感都依托我们共同工作的学校——龙高。我们要好好珍惜它、保护它、爱它。在这里，我们成长，然后走向成熟。谢谢大家！

2018年9月

2018年平湖外国语学校的英语艺术节讲话

Dear friends,

I am so happy this afternoon, having a chance to attend your first English Speech Contest. What an unforgettable afternoon!

I am extremely touched and moved by each candidate's wonderful speech. Some of you, as modern citizens, full of responsibility, focus on some hot social topics, such as environmental protection. Some of you, express your understanding of "how to fulfill our dream"—not only personal dream, but also the big China dream. Some of you, share some pieces of very valuable advice or suggestions in daily life with us, such as "keep a positive attitude" "the future is in our hands" "never give up" "master your own life". I really like your speeches with beautiful and powerful sentences, fluent expressions, and body language, facial expression. What's really important is your critical thinking, deep thoughts in your speeches.

Now here comes a question: how to promote our English, especially spoken English ability? Two key words are given to you:

(1) Imitate/Imitation. You can watch some videos of famous people's speeches repeatedly, such as the former US President Obama, who is expert in public speeches. Only in this way can you make any progress.

(2) Motivate/Motivation. With it, I definitely believe you can never give up whenever you're faced with your tough time in the process of English learning.

Finally, let me say "thank you" once again. Thank you, Principal Zhang and dear students, because it is you giving me such an opportunity to have a nice time together with you. Looking forward to our second, third, next and every year's speech contest.

Yours,
Fang Jing
Nov., 2018

好运气全靠努力　爱母校懂得珍惜

——国旗下讲话

亲爱的老师、同学们：

大家早上好！我是方静，是高三（3）班和（16）班的英语老师。

上周，高三结束了自2018年8月1日开学以来第一次最规范的模拟考试。语文、数学、理综、英语的C篇阅读 *Bird Calls* 都让我们撕心裂肺，捶胸顿足。考完之后，我看到了很多学生转发了一个名叫"一地金啊"的博主写的文章，标题是《这个人靠运气考入名校，堪比杨超越》。我仔细读了这篇文章，博主的运气何其之好——靠运气，她考上好学校，调剂到好专业，找到好工作，朋友们都把她供为"锦鲤"，想沾沾她的运气。

想想自己，工作23年，结婚17年，什么时候会有如此好的运气？每次被问到"中奖500万和考入北大清华，哪个概率更高"时，我都非常冷静，知道这两件事情都和我没有半毛钱关系，还是默默去"搬砖"好了。那么在今天这个秋高气爽的早晨，我想和大家分享一下有关"运气"和"母校"的话题。

一、你有好运气吗

高中的学习生活，绝对不仅仅是自由自在，还要有一些自觉、自律，甚至要有一点点自虐倾向。世上没有那么多的好运气，前几年的"读书无用论"更是不负责任的洗脑理论。当微软的比尔·盖茨（Bill Gates）、苹果的史蒂夫·乔布斯（Steve Jobs）、脸书的马克·扎克伯格（Mark Elliot Zuckerberg）的大学辍学故事充斥在你的耳边时，请不要忘记，这仅仅是个案，而且作者不会告诉你这些成功人士背后支撑他们的是强大的父母一辈。我们没有那么好的运气，所以，不要天天"蒙查查""傻白甜"，请默默地拿出你的作业本、错题本、考试卷、试题集，过一种自觉、自律、自强的生活。要想达到一个average level，自律、自觉也就够了，但是要想excellent、outstanding，做top three 或者top ten，还是要有一点deep learning、critical thinking，要有一点自虐的精神。何为自虐？就是比别人刷题刷得更多一点，比别人起得更早一点、睡得更晚一点，下课后追着老师多问一点，笔记本上多写一点，对自己的要求再高一点。我总觉得，人在微微的伤痛中、微微的饥饿中、微微的寒冷中更能保持清醒的头脑和战胜困难的决心，毕竟我们古人有一句提醒——"饱暖思淫欲"。

二、何为母校

2010年华中科技大学李培根校长说："什么是母校？就是那个你一天骂它八遍却不许别人骂的地方。"是的，这就是母校，这就是龙高。也许当年的你，第一志愿不是龙高，是深圳学校、是深圳外国语学校，抑或者，龙高就是你梦想的中考之地。不管如何，今天，你和我，就在龙高。这是不可否认的事实。关于过去，不要再说什么，眼里心里留下空间给未来。今天我们脚下踩着的这块土地，就是我们的校园，是我们的母校。

在这里，我们度过三年，收获了解题的技巧、尚可见人的分数、纯真的友谊、发于心止于行的朦胧情感，更珍贵的是很多优秀的教师和我们一起生活，一起学习，一起进步。我们有高高的"吴特"，有矮一点点的"高特"，有每天都是慈母般微笑的"游特"，有狠话不多、开口就是人生哲理的"涛哥"，有"要秃顶、学物理"的大咖蒋正常老师，有打球伤了腿身残志坚、每天交替使用轮椅和拐杖的陈瑶小姐姐。

我知道，母校不一定是最"高大上"的，正如生我养我的父母，不一定是最富裕的，不一定是最强大的，不一定是最完美的，但是母校给予我们的爱，是最质朴的、最真挚的。老师们是善良的，是不求回报的。我想，若说回到第一个话题"运气"，能遇到这样的良师益友，真算是我们的好运气了。

所以，这是一个关于运气的早晨。抬头看蓝天白云，感受秋意渐浓、微风拂面、心随我动。往左右看，陪伴着我们的是我们的同学和老师。此刻，我们内心是安静的，多么难得的quiet moment。 日子就这么一天天过去，高一的孩子们马上就要面临高中第一次期中考试；高二的孩子们在学习新课、高中快过了一半的压力下默默努力；高三的孩子们在今天下午的班会课上马上会收到班主任印发的区统考成绩，并接受班主任360度无死角的数据分析。这就是校园生活。

  此刻，就是我们普通的一天的开始。同学们，加油吧！Good luck to you!

2018年10月29日

美丽的远方，风雨兼程

——2017年12月11日国旗下的讲话

尊敬的老师、亲爱的同学们：

大家早上好！我是来自高二年级的方静，很高兴能和大家一起分享一些有关教育、读书和学校的话题。

话题一：上大学有什么用？

时代在发展，不同的时代背景下对上大学有不同的理解。过去人们常说：learn to change our destiny——知识改变命运。而我希望龙高的孩子们能说一句learn to make us better——读书让我变得更美好。上大学，能让你收获朋友、爱人，你会发现，他们的重要性仅次于你的家人；上大学，能提升你的品位和气质，使你形成自己的处世哲学；上大学，能培养你的独立思考能力，使你认真去思考自己、思考社会，并给出见解。如果大学顺利毕业，你将会得到学历和文凭，这是你初次就业的敲门砖，它决定你大概从事哪个范围、哪个层次内的工作。当然，大学毕业后，你会成家立业，你很快也会有自己的孩子，你的文化水平将大大影响你对孩子的教育水平。所以，好好读书吧，只有上了大学，你才能有资格说"上大学有什么用"。好好读书吧，至少将来某一天，机会来到眼前，不至于说"对不起，我不会啊"。

话题二：学校是什么？教育是什么？

近几年，热门词汇很多，如Artificial Intelligence（AI）、大数据、互联网+。高科技改变了我们的思维方式和生活方式。可是，互联网上的学习，鼠标轻轻一点，开始了；再轻轻一点，放弃了。所以，古典式的学校还将长期存在，校园生活依旧是主流，因为学校有一套约束你的办法，这个办法就是校园文化和学校制度。它的核心要素不在于提供知识，而在于让每一个校园里的人有了自律——没有自律，何来自由？我们不是天才，又缺乏自律的能力，怎么办？请加入一个好的约束环境。这个环境，就是——学校。那么，在学校里学什么？我记得美国耶鲁大学的一位校长曾经说，真正的教育不传授任何的知识和技能。我们每天在刷题，刷的不是寂寞，我们是在锤炼、磨砺。我们通过学习获得一种思维方式——让我们在纷繁复杂中保持清醒的自我意识（self-awareness）；让我们阐述观点时有道理，表达时有说服力，鼓动时有力量；让我们看清世界的本来面目，并切中要害。这是教育的本质，也是学校的终极目标——不传授任何知识和技能，却能让我们走入社会后，胜任很多学科和职业。

话题三：我是谁？我要干什么？

这个我，是指今天站在崭新的操场上的3000个学生中的每一个你。我头脑清醒，此时此刻此阶段，我知道我在干什么，我要什么。我努力用今天的好，弥补之前的不好。我自信，我接纳一切不完美。是的，no one is perfect。但是，万物皆有裂痕，那是让阳光照进来的地方。我们一直在追求完美，就像我的（3）班和（16）班的孩子们说的那样：世上没有什么事情是做套题解决不了的。解决不了，就再做一套。世上也没有什么事情是在操场上跑两圈解决不了的。解决不了，就再跑两圈。

我亲爱的朋友们，没有哪一种教育是完美的，没有哪一所学校是完美的，没有哪一个人是完美的。可是，这就是perfectly imperfect。让我们有爱，有目标吧！让我们为了诗一般美丽的远方，风雨兼程，努力努力再努力，因为当我们努力的时候，全世界都在给我们让路。谢谢大家！

2017年12月11日

国旗下的讲话

Good morning, ladies and gentlemen!

I am Miss Fang, an English teacher of Senior I. Today I will talk about "how to learn English well".

When it comes to "learning English", some of our students have to admit that English has been becoming more difficult since entering senior high school. It's true that English is different from other subjects because we learn other subjects in Chinese. We know Chinese much earlier than English. So Chinese influences our English learning. Now, I am very content to share my English-learning experience with you, which, I believe, can give you some help.

First of all, learning English well needs perseverance since it is a long-term process. If we insist on learning English every day, we will master it one day. If we just study it for a short time and then give up, there is no doubt that we will gain nothing in the end. Therefore, please stick to learning English every day in order to learn it well.

Secondly, learning English well requires us to open our mouths. The aim to learn a language is to speak it. So, in order to learn English well, you are expected to catch and even create every single opportunity in and after class to practice yourself, talking with your friends, classmates and teachers in English. And don't be afraid to make mistakes. Show off your English bravely and enjoy "losing your face". Trust me: the more you speak, the greater progress you will make.

The third is "Curiosity". You need to keep curious. Interest is the best teacher, and curiosity is a must. When you read an English article, see an English movie, watch some English programs, or when you find a sentence that you consider very meaningful, try to write down what you are interested in and then collect all of them. It is "curiosity" that pushes you to go ahead and discover the mysterious world of English.

Since you entered senior high school, you may have come to realize the special importance of English. For some students, to remember the new words is the biggest challenge, especially now the words are more difficult than before. Actually, words come along with sentences, that is, to understand the words according to the context.

Therefore, my fourth suggestion is that we should try to recite as many sentences as possible instead of just some single words by heart as the basic unit of English is a sentence instead of a single word. Put the words into a sentence. Don't put a word out of a sentence. You can have a try. Give yourself a tiny aim—recite 5 sentences each day. I can confidently tell you that you will definitely have a big progress within a month.

Now, here comes to my next piece of advice—make full use of our English newspaper—21st *Century Teens Senior*, like other kinds of materials related to English, is really interesting and beneficial for our English learning. It was introduced into Longcheng High School nearly ten years ago, which has been our very useful and important supplementary reading materials apart from our textbooks. Every day, you can spend nearly half an hour in your English newspaper reading. When coming across new words, idioms or good sentences, write them down to enlarge your vocabulary. What's more, reading 21st *Century Teens Senior* can help keep your enthusiasm or interest in English because you are not only learning new words, broadening your horizon and knowing more about the open world, but also appreciating the beauty of the original and natural language.

The last suggestion is that the best way to master a language should be personally on the scene (身临其境). So I advise you to go abroad for winter or summer holidays in some English-speaking countries if it is possible. When you come back home, your English must have been improved.

In a word, there are a lot of factors involved in English learning. As a famous saying goes, "No cross, no crown." English knowledge should be accumulated little by little. I hope all of you can fall in love with English and gradually have a good command of it.

These are my suggestions of English learning, which I hope can be of help to you.

At last, I would give my sincere gratitude to our group leader, Miss Fang Jing, who helped me draft the speech, generously sharing her experience in teaching and learning English.

That's all. Thank you all for your listening.

May, 2016

静心同行

——2017年年度教师深圳市市决赛竞选演讲稿

尊敬的各位朋友：

大家好！有人说，生命，就像一场旅行，而我说，教育，也像一场旅行。我与孩子们一路同行，风雨同舟。我叫方静。十年前参评深圳市优秀教师，我用含有四个静的谐音的句子概括自己：捧着一颗干干净净的心，用智慧和巧劲，安安静静地教书，尽心尽力地育人。今天，我和大家分享的主题就是：静心同行。

一、用干干净净的心，与孩子们同行

我喜欢和孩子们在一起。"索菲亚"有成长的烦恼，我约她到操场散步谈心；"飘雪"和妈妈关系紧张，我出面缓解。"嘉禾"本是年级顶级高手，却高考失利，我全程陪他填好志愿，最终他被中国农业大学录取。一次，我出差去北京，顺道看望"嘉禾"。他抓着我的手冲进教室，大声和他的同学说："这就是我天天念着的小方啊。"他说："你陪我一程，我记你一生。""你陪我一程，我记你一生"这十个字告诉我，和孩子们在一起，永远要有一颗干净纯粹的心。

二、安安静静教书，与讲台同行

世界很浮华，最后沉淀下来的人，都是守住了自己的心的人。我的初心就是讲台。评上高级职称后，我在高三坚守了7年，任文理两个火箭班的教学科组长及教研组长。我继续上公开课，不为比赛，只为打磨更高效的课堂；我坚

持读书，因为书可以治愚。22年教书生涯，17个笔记本，一路同行。我从未放弃，守住了心，带来了突破——我教的学生中有8个区状元，有龙高第一批清华、北大学子……安安静静地，我守住了讲台。

三、用智慧、用巧劲，与课程改革同行

2008年至今，我开创"悦读悦写"模式，带领同事们进行英语报纸阅读、英语新闻点评，举办外语艺术节，十年打磨，成就深圳市特色科组。孩子们在课程引领下，能读会写，自信飞扬。2014年，杨浩明参加港中大（香港中文大学）在深圳的英语面试，脱颖而出，成为该校首届学子。2016年，黄钟缘和陈柔依获得广东省中学生模拟联合国大会杰出代表称号。我深深感悟，好老师，要用智慧和巧劲去创新、去开发。同时，我告诉孩子们，学英语不是为了应试，不能做只会说英语的空心人，而是要有国际视野、中国情怀——Global view with China in heart。

四、尽心尽力，与大家同行

我在华师附中（华南师范大学附属中学）交流，彩宾校长说："我们是新学校，方静啊，感谢你的支持。"我一年跑了六次平湖外国语学校，科组长姗姗说："我们科组成员平均年龄不到35岁，多亏你的经验分享。"在海丰县彭湃中学，廖老师说："静姐，你的高三第一节课太给力了。"……就这样，我尽心尽力，带动一批学校，服务一个区域。

十年过去，我初心未改，今天，我依旧用这几个字和大家分享——捧着一颗干干净净的心，用智慧和巧劲，安安静静地教书，尽心尽力地育人。我是方静。谢谢大家！

2017年8月

争创深圳市"青年文明号"发言稿

尊敬的检查团领导、尊敬的魏校长以及各位兄弟姐妹们：

你们好！我叫方静，是英语教研组组长，我代表英语教研组全体教师欢迎各位领导莅临我校，检查我们英语教研组创建"青年文明号"的情况。

下面由我来就这一年的创建工作向各位做一下汇报。

"青年文明号"活动是共青团组织为适应建立社会主义市场经济体制的要求、为服务全党全国工作大局而实施的跨世纪青年文明工程的一项重要内容，目的在于引导广大职业青年培养良好的职业道德，创造一流的工作业绩，为推动经济与社会的协调发展做贡献。2012年6月，我校接到龙岗团区委的通知后，积极申报。马锐雄校长高度重视，成立了由团委和英语教研组共同组建的创建小组。马校长指出，创建"青年文明号"应该"提高认识，夯实创建工作的基础；青年教师要以师德为先，提高工作质量，服务广大师生"。之后，我们经过认真学习、反复研讨，提出了我们的创建口号、服务承诺以及服务措施和计划。我们的"青年文明号"服务口号是"创文明、促教学、助成长"。我们的服务承诺是：

（1）热爱教育，献身教育；遵章守纪，依法执教。

（2）爱岗敬业，教书育人；关爱学生，以身立教。

（3）严谨治学，钻研业务；实事求是，精益求精。

（4）学习理论，遵循规律；潜心教改，勇于创新。

（5）团结协作，勇于争先；继承发扬，岗位立功。

我们的措施和计划是：

（1）佩戴徽章，热心服务。

（2）提高业务，方法多样。

（3）走出引进，提高科研。

（4）齐抓共管，提高质量。

（5）文化为先，轻松有效。

（6）弘扬爱心，担当责任。

与此同时，学校为我们提供了专项资金作为我们开展活动的有力支持……

结尾：回首过去，展望未来，我校英语组的青年教师一步一个脚印，不断求索、不断创新，通过创建"青年文明号"活动，切实提高了工作成绩，深化了服务理念，展示了青年教师的良好形象。最后希望我们教研组"百尺竿头更进一步"，也诚挚地希望各位领导批评指正，提出您的宝贵意见。

2014年4月

守 护

——2017年深圳市区决赛年度教师竞选演讲稿

大家好！我是方静，来自龙高。9年前，我33岁，以深圳市排名第一的成绩评到了高级职称。我有点迷茫，接下来干什么呢？我和妈妈聊天，她说："年轻哦，正是干活的好时候。继续把书教好。"我如醍醐灌顶。是啊，我要继续教好书，守护这一方净土。今天，我的主题就是守护。

一、守护——用心坚守讲台

世界很浮华，所有最后沉淀下来的人，都是守住了自己心的人。我的初心就是讲台。评上高级职称后，我在高三坚守了7年，工作量简直爆表：担任文理两个火箭班的英语教学科组长、教研组长。我清零自己，重新定位——守护讲台的同时，我要从经验型教师转为研究型教师。我依旧上公开课、示范课，举办开放周活动，不是为了比赛评奖，而是为了探讨、打磨更高效的课堂。我坚持读书，读英语教学法，读肖川，读大夏书系，读《中国教育报》，因为阅读可以修己以安人。我做行动研究。研究是心灵的修复和提升。2009年我整合多个版本教材，编成校本课程；2011年我将英语报纸阅读纳入龙高课程体系。守住了心，带来了突破：学生中有8人获区状元；龙高产生第一个本土生源的清华、北大学子。2011年我获深圳市中青年骨干教师称号，2014年获深圳市第四批名师、龙岗区第三批专家，2015年任深圳市高中英语兼职教研员，被评为南粤优秀教师，成立名师工作室。同时，龙高英语科组被评为深圳"青年文明号"、深圳市特色课组。我想，我守住了。校长说："方！你是全校教师的标杆。"徒弟们说："师傅，和你在一起真充实，学到了好多。"孩子们的话最直白："方老师的课轻松、高效，还能得高分。"

二、守护——用爱陪伴孩子

高中的孩子还处在"精神断奶期"。他们相信自己看到的成人世界，而不是听到的道德世界。我一直认为，教师出现的地方就是教育发生的地方。多做些与分数无关的事情才是爱和教育的良知。"小索"约我到操场散步，有心事要分享；"飘雪"恳请我给她妈妈发条信息，缓解母女关系；"浩然"网购了一套动漫服装，想藏在我的办公室里。好的，我一件件做好。"嘉禾"本是年级顶级高手，却高考失利，我全程陪他填志愿，最终他被中国农业大学录取。大一下学期，我去北京出差，顺道看望"嘉禾"。他抓着我的手冲进教室，大声说："这就是我天天说的小方啊。"他说："你陪我一程，我记你一生。"有这十个字，足矣。旭东老师说，我和孩子们之间充满了烟火气息。我喜欢这种尊重生命的陪伴。林郑月娥女士不也说"陪伴是最好的教育"吗？

三、度己达人是更深层次的守护

"独乐乐不如众乐乐"，今年上半年，我的工作室编写了校本课程，并免费印发3000多册给全校师生。近几年，我先后在华附、布高（深圳市布吉高级中学）、甘李（布吉甘李学校）、新城（坂田新城学校）交流。我和团队一年跑了六次平湖外国语，从高三前的准备，到深一模、二模，一路陪伴。科组长姗姗上周发来一条微信："我们考得很好啊。谢谢你们把压箱底的资源都给了我们。"我想，"度己达人，回馈大家"是更长情、更深层次的守护吧。

2005年的7月5日，329路公交车载着我停在龙城广场。暴雨后的深圳蓝震撼了我——真美！一晃12年过去，我今年42岁，孩子们对我的称呼从小方变成静姐。朱清时院士说："一个社会要有希望，一定要有净土，这方净土就是学校。"我叫方静，命中注定，我的使命就在这方净土：守护、陪伴、引领、回馈。我期待大家的见证。谢谢！

2017年6月

守护一方净（静）土

——2017年深圳市区直属年度教师竞选演讲稿

大家好！我是来自龙城高级中学的英语老师方静。今天我发言的题目是：守护一方净（静）土。

前几天，我总结个人业绩，几个阶段在脑海中渐渐连成一条线：优秀个人—骨干—专家—名师工作室。这条线汇成三个关键词：情怀、格局和引领。

一是情怀不一样了。从龙高火箭班的203教室延伸出去。我给华附新生做学法指导，给布高学生做专项讲座，给平外青年教师布置暑假作业；我与新城学校、平安里学校的英语教师一起开科组会。

二是格局提高了。我逐渐懂得用集体的智慧，打造一个以龙高英语组为平台的学术共同体。我们是深圳市"青年文明号"，是深圳市特色科组。我们有名师工作室，开发了校本课程。

三是高考依旧在引领。这是必需的，因为我来自龙岗教育的高地——龙高。龙高教育集团更是深圳教育东进的主战场。

讲到此，似乎有点高处不胜寒，但是我依旧乐此不疲。我每天做的事都是我喜欢的。因为这是我的职业、事业，是我的使命。

为此，我每天努力做好以下三件事。

一、教好书，上好每一堂课

我有责任使我的课堂简化、高效、有人文色彩。2011年我曾帮助温同学从31分拿到高考129分，成功逆袭，考入大学，现在他在美国加利福尼亚大学读博士。从此，届届学生说："学英语，信小方！"我在学生读高三时被公派出国40

天，学生自学，高考成绩依旧爆表。最温馨的是孩子们上了大学每次在四六级英语考试的前夜，还在微信圈里刷一句"我想静静"。

二、努力参与孩子们的成长

15~18岁的孩子还在"精神断奶期"。怎么参与？我学会信手给孩子们写点什么。上周2007年毕业的何同学生了二娃来送红鸡蛋，也带来了她保存了十年的我手写的一封信。超感动！

昨天晚上得知孩子们区统考理科英语进入前15名。我习惯性地提笔写了一段祝贺，然后和学生们一起策划如何度过史上最长的暑假。写着写着，我解决了困惑；写着写着，前后有6个课代表也做了英语老师；写着写着，我心越来越平静。我手写我心。我知道我在写什么——交流、参与、陪伴、守护。

三、读书

教育家朱永新先生说过：一个人的阅读史就是他的精神发育史。所以，我读肖川、雷夫、大夏书系，每周整理一次《中国教育报》。读书能修己以安人。读着读着，我读懂了根本、情怀、使命。我懂得不管未来怎样，我就在这里，因为孩子们在这里。因为我的根在这方净土；因为人如其名，我就叫方静啊，命中注定的缘分啊。我愿用一生来守护教育，守护学生，守护信仰。

写着，读着，我在龙高走过了自己的30~42岁——33岁评上高级职称；40岁前获得名师、专家称号。孩子们对我的称呼从小方变成了静姐。我问自己接下来做什么？依旧是三个词——情怀、格局、引领。依旧是三件事——教书、写片段、读书。

最后，我想说：教育实苦，但请你足够相信。我一直相信，您呢？谢谢大家！

2017年6月

第五章

教学随笔

一方净土地　一颗包容心

——读《包容的智慧》有感

能够被称为大师的人物，应该是在某一领域有突出成就、大家公认且德高望重之人，如某某文学大师、某某绘画大师、某某武林宗师等等。近来凤凰卫视、湖南卫视频频介绍一老僧，名曰"星云大师"。其实，当我得知此僧是台湾人士时，颇有些不屑，总觉得台湾佛教之渊源总还是在大陆吧，一个台湾老和尚还能够如何口吐莲花、警世育人？开学刚十天有余，学生们都军训去了，学校安排我们留守老师读《包容的智慧》。一看封面，又是这个星云大师。上网"百度"了一下，描述如下：大师——梵文Sastr，大师范、大导师之意。释迦牟尼被尊称为"三界之大师"。在中国，起初称有高德之出家人为大师。但以后，"大师"二字只专用于追赠死去的高僧的谥号了。但目前在台湾，有一位活着的和尚被人称为"星云大师"。在现今中国佛教界，除此一人外，似尚未有其他任何高僧被称为"大师"的，即便在佛教界资格最老的印顺和尚，大家也只称他为印顺长老而已（不称大师）。看来这位星云大师非一般出家人也。默默读完大师与传媒大王的对话，不禁感慨——大师做人悟事确实已入境（——意境，禅境）了。

一、读星云大师的《包容的智慧》，谈读书

有人说："三日不读书，面目可憎。"现在的我，不能一天不展卷阅读。我几乎是见书无所不看、无所不翻的，看书已成为我日常的习惯。事实上，读书可以说是人世间最不劳而获的事情。试想，古代文人雅士，或以数年之功，或穷毕生之力，将他们所观察、感觉、思索的事情，以生花妙笔著作成书，而

读者只要花费数日的功夫,便可以把书中所表达的思想、感情、精神、经验、智慧,完全吸收,这不是不劳而获吗?

读书虽然是一件赏心悦目的乐事,但是这世界上竟然也有无福读书的人。哪些人无福享受读书的乐趣呢?

(1)官高权大或者春风得意的人。

(2)富贵的人,因为耽于吃喝玩乐,哪有闲情读书?

(3)美丽的女人、英俊的男人,只图以亮丽的外表吸引人,哪里需要内涵?所以也不必读书。

(4)声音很大的人,也不喜欢读书。

阅读,是人的终生技能。我本身是一个喜欢静静读点文字的人,故能坐得住,几个小时可以不动,周末两天可以不到处乱跑。同时,我喜欢将读到的好文字介绍给我的学生,并尽量找到相应的英文版本复印给学生做补充材料用。哲人常说:读书会使一个人成功,也会使一个人失败;读书会使一个人有用,也会使一个人无用;读书会使一个人明理,也会使一个人糊涂;读书会使一个人谦虚,也会使一个人傲慢。我想,作为教师,教给学生的应该不仅仅是知识本身,而更多的是做人的道理,是相伴终身的读书的快乐、学习的快乐。我也一直在要求自己,用自己阅读的行为来影响我的学生,让他们知道为什么要阅读、读什么、怎么读。最终,让我的学生在日后的人生道路上,在这个日益浮躁的社会里,保留属于自己的一方净土,选择一本好书,享受阅读带来的快乐和充实。

二、读星云大师的《包容的智慧》,谈包容

人的心,是高山、海洋所不能比的。所谓"心如虚空",就是放下固执的己见,解除心中的框框,把心放空,让心柔软,这样我们才能包容万物、洞察世间,达到真正心中有事有物、有天有地、有是有非、有古有今,一切随心通达,运用自如。

第一次听说"容",是我的小学语文老师教的一句——"有容乃大"。"容",能容就要够大,百花齐放、百家争鸣才是"和谐"的彼岸。容的精神能够渗透到我们学习、生活、工作的方方面面。教育家苏霍姆林斯基说过:"有时宽容引起的道德震动比惩罚更强烈。"爱学生,就要对学生有一颗宽容

之心。星云大师也说"废物都可以利用",何况世上没有废物。所以,教师在平凡的教育岗位一样能体会到大师的哲学。教师应该能容忍学生的错误,容忍学生的倦怠,容忍学生的不完美。因为,学生首先是一个人,是一个正在发展中的人。苏霍姆林斯基说:"教师的职业意味着他放弃了个体喜怒哀乐的权利,应使自己胸怀宽广。"乌申斯基也说过:"在教育工作中,一切都应以教师的人格为依据。因为教育力量只能从人格的活的源泉中产生出来,任何规章制度,任何人为的机关,无论设想得如何巧妙,都不能代替教育事业中教师人格的作用。"我们很多教师,对学生的要求太高——上课回答问题要力求完美,考试不允许失误,要尊敬老师、孝敬父母,要遵规守矩,要人见人爱,写出来的作文要深刻、要有立意、文字要犀利,算出的数学题步骤要规范、逻辑要缜密、要精确到位……但是,我们不要忘记,学生正是一个需要我们教师去改造、去完善的个体。学校是允许学生犯错误的地方,相信学生有一个自我学习、自我发展的过程,允许学生有错误的表现,以宽容的心态去包容他们。宽容是一种手段,能够为我们的教育教学带来新的理念,促进人与人之间的和谐发展、共同进步;宽容是一种精神,让学生感受到爱的力量,让学生在教师的关爱和呵护中成长;宽容是一种美德,教师给学生多一点宽容,学生自己就会多一点自尊、多一点自省、多一点安慰,这样更能促进学生身心健康成长。

　　大师的这本书看似和教学无必然的联系,但是仔细品味后,我们能够在教学的各个方面找到大师的教诲。因为,教学即教人——教学生做一个真正的人,纯粹的人,高尚的人,有思想的人,有内涵的人。大师的只言片语中能折射出人生熠熠的光芒。我想,只要我们每个教师心中有爱,心中有"人"——将学生当作一个个成长中的人,我们一定能将自己和我们的学生带入大师描绘的天堂——

　　心中无事就是天堂的花香;
　　赞叹妙语就是天堂的音乐;
　　尊重包容就是天堂的光明;
　　少瞋少贪就是天堂的现前。

2010年8月

我们的课堂该如何改变

——读《从洋思到东庐》有感

打开《从洋思到东庐》这本书，我很快就被其中质朴的语言所吸引。书中教师在教学改革中每一步实实在在的探索都蕴含了深刻的教育内涵，也足以引起我们的思考。观察我们的课堂，在我们努力思索如何提高课堂效率的今天，我们究竟该如何改变？

一、课堂上，让学生紧张起来

洋思人提高课堂效率的方法之一是"课堂上，全过程让学生像考试一样紧张地学习"。这种做法不仅体现了新《课程标准》的"自主""互动""实践""感悟""体验""开放"等思想，更实现了教师角色的真正转变。"紧张"就是高度投入、心无旁骛、全神贯注、聚精会神的意思。"像考试"是指学生有考试一样的态度、思想、目标、情感，从而改变了学习方式，提高了学习能力。反观我们的课堂，45分钟的时间，基本上都是教师在讲解，教师滔滔不绝，汗流浃背，忙于"耕耘"，可谓辛苦敬业，然而，学生在课堂上却悠闲、自在，开小差，偷懒，闲得发慌还常打瞌睡。可能正是教师的这种勤奋养成了学生的懒惰；正是教师的这种紧张养成了学生的悠闲。教师的这种敬业不仅没有培养学生的学习能力，反而使学生养成了被动学习的习惯。因此我们应该转变自己的观念，从改变教师的教学方式开始，培养学生的学习能力。我们都应该思索，"课堂教学的过程，到底是教师教的过程，还是学生学的过程？""课堂上是应该让教师紧张起来，还是让学生紧张起来？"这些问题洋思人已经想明白了，而我们想明白了吗？

二、课堂上，让学生积极起来

洋思人"先学后教，当堂训练"中的"后教"是指针对学生自学中暴露出来的问题及练习中的错误，教师引导学生讨论，以"兵"教"兵"，让会的学生教不会的学生，教师只做评定、补充更正。教师从过去的"满堂灌"的"第一线"退到了"第二线"，由知识的传授者，变成了学生学习的组织者、引导者。对比我们的课堂，在很多情况下大部分学生已对教学中的一些内容有了自己的思考和见解，迫切想要在课堂上发表自己的观点，但"舞台"被教师独占，教师为完成自己的教学内容不舍得放弃做"主角"的权利，而学生只能成为观众，久而久之，学生求知、探究、质疑的热情消退下去，课堂归于沉寂。所以，教师在课堂上要充分放手，尊重学生，鼓励学生畅所欲言，对学生暴露出来的问题，"群起而攻之"，让每个学生都有发言、纠错、表现的机会，让每个学生都能积极参与到问题的讨论中去，并成为课堂的"主角"。这样才能真正激发起学生的学习兴趣，调动起学生学习的积极性。

三、课堂上，让学生勤快起来

洋思中学的"先学"环节是指在课堂上，学生按照教师指示的教学目标及学前指导，看书、做练习；"当堂训练"，就是让学生当堂独立完成作业（时间不少于15分钟），进行严格训练，形成能力。这两个环节，真正让学生动起来，让学生勤快起来，使学习变成了学生自己的事，让学生变被动为主动。我们时常抱怨学生懒惰，不愿动脑、动手，眼高手低，听得懂而做不对。为什么学生会形成这种习惯呢？走入我们的课堂，真正留给学生独立思考和学习的时间大多不足10分钟，教师成了课堂上绝对的主宰和霸主。只有改变课堂上教师的教学方式，把应该让学生动手、动脑的时间还给学生，才是促使学生勤快起来的根本办法。

四、课堂上，让学生自信起来

洋思人提出的口号是："没有教不好的学生。"他们通过各种方式培养学生的信心，激励后进生进步，调动学生的积极性。相比之下，我们的课堂对学生的激励和信心的培养还需要做相当的努力。首先，我们在课堂上很少让学生发表自己的见解，即使学生有了较为独特的见解，也难以得到教师激励性的评价。课堂评价这一有效促进师生情感交流、提高学生学习热情的方式常常被教师为完成传授知识这一"主要任务"而忽略了。现在我们冷静地思考，就会发现，在我们根深蒂固的观念中，传授知识才是最主要的，才是不容忽视、不容干扰的。在这种观念的支配下，激励学生就显得不那么重要了，自主、合作、探究的学习方式也就显得困难重重了。

2008年8月

人在高三

还有六天,学生们就要走进高考的考场了。又是一年高三,又是依依惜别之时。昨晚收到几条信息:"老师,虽然你几年都在高三,见惯了分离,但是你的心千万不要麻木,不要忘记我们哦。""我会想你的,但是我不想回来见你。因为,我想留住你青春的影子在我心里,我怕看到你老了……"呵呵,可爱率真的孩子们。

三年高三下来,我接触了300多个形形色色的孩子,他们性格各异,能力不等。我交上了一群好朋友,同时在与他们的交往中,我得到了锻炼和提升,获得了不少的感悟。

一、教师是什么

自古以来,人们就说老师是春蚕。春蚕到死丝方尽,这就是春蚕,自己什么也不留。还有人说老师是蜡烛。蜡炬成灰泪始干,燃烧自己含泪而去,把光明留给人间。把教师比作春蚕、蜡烛是不是太可悲了?那么,教师的定位到底是什么呢?我觉得,从现在的教育理念和教育目的来看,教师应是一名雕塑家。在雕塑家的眼里,万物都是宝。别人遗弃、看不上眼的东西,只要经过雕塑家的手,就有了价值,有了生命,甚至成了稀世珍宝。如果学生碰到的每一位老师都具有雕塑家的慧眼和因材施教的方法,该是多么美好的事情啊。只有用我们充满智慧与爱的双眼去发现他们的独特之处,去精心雕塑,才能把我们的学生培养成各类有用之才。我们一定要记住教育是因人而异的。

二、英语美丽吗

这个问题看似很幼稚,其实我想问的是:我们能否让学生主动发现学科自身的美丽。挪威诗人约恩松（Johnson）纪念挪威数学家阿贝尔时，写过赞美数学的诗："数的科学，像时间一样不知不觉地流逝。融于永不消失的晨曦，是千变万化的数字，她们，像雪一般纯，比空气更轻，却强于整个世界，其值无价。她们带来的是一片光彩。"这首诗形象地告诉我们，数学是美丽的，它是诗，是歌，是画，里面充满了公式美、逻辑美、秩序美，令人魂牵梦萦，陶醉沉迷。同样，英语是非常美丽的。那一篇篇短小精悍的文章，犹如一碗碗心灵的鸡汤，让学生在掌握语言的同时，道德、情感得到了升华。那一句句圆润雄厚的朗诵，既是一种西方语言的陶冶，在抑扬顿挫的元音辅音之间，又是灵魂的一次净化。无论学习什么或者从事什么，能够感受到其中的美，拥有自己的精神家园，该是一件多么美丽而富有诗意的事情呀！可是，我们的学生几乎看不到英语的点滴美丽，感受不到一丝学习的乐趣——他们最恨的就是记单词、背课文、听短文。难道英语就那么丑陋不堪、让人生厌吗？

问题出在哪里呢？很长一段时间，很多的教师和学校都急功近利，将分数、考试放在了万事的前面。围绕着分数的指挥棒，我们教师只好忍痛割爱，将课堂变成统一模式的产品生产线，将学生当作做题机器，缺少兴趣培养，侧重技术训练。反复、大量、机械地做题，培养了应试能力，却使学生在机械劳作中失去了学习英语的乐趣，更别说体会英语的美丽了。

新课程改革已经过去好几个年头了，看似与高三没有很大关系，但是明理人一分析就能够准确获悉新课程的改革风向标是直指高考试卷的。很多理论上的东西看似离我们很遥远，但我们一线的普通英语教师，却正是课程改革的直接实施者。引导学生认识学科的美丽，从而产生兴趣，这才是教学的基本，这才是教学的效益增长点，否则一切都是本末倒置。

三、磨课？磨学生？还是磨自己

过去在老家教书的时候，妈妈经常给我灌输一个思想——与其磨别人，不如磨自己。很多名师的课都是"磨"出来的，这些"磨"出来的课功利性很强，为的是到处巡演、获奖、出名。其实他们不外乎也就是展示出来的课比较突出而已，也就是说他们平时的讲课和我们差不多。我们普通教师不可能像他们那样"磨"，因为我们要对全班几十个学生负责，我们不能为了自己上好一节课，付出大家几个月甚至一两年的时间。在我个人看来，只是上好一两节课并不是真正的好老师。真正的好老师不是"磨课""磨"出来的,而是通过"磨"教师自身"磨"出来的。作为一名英语教师,首先必须要有深厚的英语语言素养。这就要求我们不断地学习,博览群书——语言是紧跟时代不断进步的,一日不读文章,一日不听新闻,就会落后。这就是一个"磨"的过程。然后,要读点教育学、心理学、美学、哲学方面的书籍,因为我们的课堂是多元化的,我们的学生是动态的。最后,也是最根本的,是要理解新课标,而且是深刻地理解、精确地领会其中赋予的时代特点和气息。

提高自身的综合素质,不断打磨自己,这才是一个教师上好课、教好学生的必经之路。对于教师来说,我们每天的日常教学无非就是两个字——"术"和"道"。"术"指的是方法、技巧,而"道"即基本规律。我个人觉得,得道的境界,就是一个从有到无,从繁到简的过程。书应该越读越薄,课也应该越上越简单——信手拈来,无招胜有招。我追求的英语课堂是,信手拈来任何一篇文章,拿起任何一张英文报纸,这节课我都能上,而且通过这节课,学生们不但学到了基本的英文知识,更能够提高英文素养和人文素养。从这节课中,看到的是教师的教育思想和修为、教师的综合素质和文化底蕴,看到的是学生一双双求知若渴的眼神和老师心灵的碰撞。有一句话已经流传了多年——"不是教教材,而是用教材教",说的就是这个道理。至于课是否精致,是否使用课件,是否有板有眼地体现了什么三维目标、什么评价原则、什么师生互动,倒不必太在意。一句话,回归原生态的课堂。但是,从简到繁容易,从繁到简却不易啊,故,打磨自己,多读点书,不要随便就走进教室去磨学生。

前年高三,去年高三,今又高三。这三年,1000多天,积累了许多,收获了许多。无论身在何处,这三年的体会够我享用一生——感谢高三!

2008年6月1日

爱与不爱之间

在校园内外见到朋友们，他们都说我下到高一轻松了。我似乎也没有过多的感触，每天感慨的是怎么一个星期过得如此快。周三的晚修任务一完成，就预示着一周即将结束了。真是匆匆又匆匆。

前天是感恩节。我教的是英语，传播英美传统文化是我义不容辞的责任和义务，故上课先简短地介绍了一下有关感恩节的来历。一时兴起，干脆展开话题，和学生聊了起来。谈到某某的爸爸妈妈周末会准备一桌丰盛饭菜等待女儿回家；谈到老师认真批阅每一份作业，还附带评语建议；谈到宿舍阿姨无微不至的照顾；谈到张佳玮的成功，也有班上同学平时关心照顾他的力量；建议同学们感恩周遭的一切生命，感恩一切爱着他们的人和他们爱着的人。

其实，我很喜欢和他们借题发挥。我们谈过奥巴马、索马里海盗、台湾的"阿扁"、三鹿毒奶粉、班上的"八卦新闻"以及读了某本书的反思、生活的烦恼等等。在市民点滴生活气息中，交流是一架桥梁，连接着你的情感，划定了爱与不爱。

前三年我一直留守在高三，忙碌中有得有失。留下的主要回忆是和学生们的短信交流。最开始给我发信息的是06届的立钊。我至今还记得很清楚，有个周六的晚上，他给我发来一条信息："老师！要是爸爸妈妈吵架不要我了，你收下我吧。"那时好像是4月底，马上快高考了，立钊是独生子女，家庭条件很优越。我既担心又觉得幼稚好笑，回了信息安慰了几句，似乎当时仅仅是一种敷衍。可是立钊从此以后，对我格外地信任。现在他已是大三的学生了。这两年多来，他经常给我发信息，聊聊大学的生活，有时还把用英文写的市场调研报告发给我，让我提提建议。说句实在话，我哪里懂啊。呵呵，可是心里还是热热的——他心里有我啊。今年暑假，他将女朋友带回来，全家请我和我老公在彬源喝早茶。看着这个三年前还未曾涉世的孩子如今成熟稳重，我庆幸那时我回了短信，否则这爱与不爱，谁能知道结果的不同？

到了07届，学生们好像特别喜欢发短信给我。那年高三平时成绩第一、孤独求败的鹏翔，在临近高考的冲刺阶段，出现了成绩的反复。他觉得压力很大，对自己的复读患得患失。五月初的那几个晚自习后，我都能准时收到他发来的信息。我知道，这是他解压的一个途径和方法。虽然我无法改变他的内心，但是至少能做一个倾听者，守着一份信任也是好的。再后来，他去了上海，选了双学位，暑假创业开办了高考补习班。

从此，我不敢轻视学生们发给我的任何一条短信。漠视，也许会伤害一颗炙热真诚的心。关爱他，就尊重他的短信，也是尊重自己。武汉的龙龙受不了国防生的严格纪律和艰苦的训练；去了北京的小邱感慨首都文化底蕴的博大精深；考入深大（深圳大学）的莹莹顺利进入"改革开放30年和中国大学生教育"英文演讲赛决赛，她感谢我改的稿件，准备周末回龙岗请客；警官学院的小舒问我何时有空到他在惠州的家做客；华师的胖丫头彭彭要准备写教育论文了，询问我的建议；自称到华工（华南理工大学）钓金龟婿的思琪至今没有男朋友；地质大学的飞龙17岁就远离爸妈独自求学，生活难以适应，天天想洗澡却难耐严寒；远在美国的建华、相如远隔万水千山，思乡心切……五湖四海，天南海北，在空中飞来飞去的短信，使我和我龙城三年的学生们的心紧紧相连。通过短信的交流，我已不再是他们的老师了，似乎是大朋友，是心理咨询师，是万事通，是大姐、大婶、大妈。我感受到了他们从高中生到大学生到社会人的转变；感受到了他们成长中各种思想、信仰、人生观、世界观带来的冲撞、彷徨、甚至痛苦；感受到了他们在面对人生十字路口时取与舍的焦灼、犹豫。

也许正如我们办公室的哲学家"东格尔（黑格尔）"老师说的那样：他们还没有度过高中阶段到大学阶段的"精神断奶期"。好生动形象的比喻啊，呵呵。但是，我愿意扮演这样的角色。试想，在每个人人生的关键时刻，都能有一位朋友，默默看着自己成长，分享自己的喜怒哀乐，也很幸福啊。

我读中学时，班长教会全班一首歌："朋友啊朋友，你可曾想起了我。如果你正享受幸福，请你忘记我。朋友啊朋友，你可曾记起了我。如果你正承受不幸，请你告诉我。"歌词多年来印在我心间。在我的成长历程中，妈妈是我的良师益友。现在我已羽翼丰满，独立自主。妈妈也已退休，走下三尺讲台。

我接过教书育人的神圣使命。我希望我的学生也能像我当年一样,有一位老师,像妈妈,像朋友,我更愿意这个人就是我。我记得那年刚参加工作,妈妈跟我说人间大爱不一定是救灾献血、勇斗匪徒、检举揭发、挑战权贵。普通老师不可能碰到那么多典型的事例。质朴、认真、天然、不勉强自己地去关爱学生的成长,把他们当作一个个成长的人,能做到这几点,就已足矣。

我会的。我的短信,我做主。

2008年5月

妈妈也是老师

我的妈妈和爸爸是大学同班同学，他们1961年考入湖南大学生物系。1963年全国高校院系调整，湖大生物系和湖南师范学院生物系合并。1966年他们以湖南师范学院毕业生身份大学毕业。他们有三十余年教龄，先后教过生物和化学两个学科，现已退休多年。

大学毕业后，我和妈妈在同一所学校共事过几年。妈妈曾经和我说过的几句话一直扎根在我心中。每当想起妈妈质朴的语言，我就觉得她是那么睿智，活得是那么通透，她是真正领悟到了教书的真谛的。

妈妈在我刚上班的第一年说："方静啊，我估计你也不会半路改行，那么这一教就是三十多年啊。我告诉你，无论你是校长、局长还是组长，共同的身份就是教师。不要想那么长远，立足当下，把每一天的课都当作公开课去上，尽快站稳讲台。"那时我负责两个班的英语和每周二、周四的早读。妈妈建议我将早读调整为周一到周四，每天看一个班，而不是一次看两个班。她说："新老师没有什么讨巧的地方，就是要比别的老师多花时间，多做事。与其'磨学生'，不如'磨自己'。"我乖乖听从妈妈的建议，从小小的半小时早读开始，渐渐到承担"青年教师讲课比赛""岗位竞赛"，再到整个年级的英语资料的编写、带社团、组织英语角。一件件的事情做下来，我很快就掌握了上课的基本规律和模式，整个高中阶段英语学科的知识体系和架构也在我脑海里清晰地形成了。慢慢地，我在课堂上变得游刃有余，自信满满。我想这就是妈妈说的"尽快站稳讲台"吧。

很快我教书进入第二年。那时我还非常年轻，急于出成绩，眼中也只看得到学生的分数。一旦碰到学困生，我总是心焦气躁。妈妈告诉我，不要轻易地批评学生，更不要当众将学生叫出教室在走廊上大声责骂。她教我怎么和孩子们打交道。妈妈说："要学好英语，就先不要说英语。要先了解学生其他的事情，比如他的数学、他的语文、他的脾气、他的性格、他和同学们的关系，甚至他的家庭。走不进他的心，他学不好你的英语，更不会听你的话。"当年的我实在太年轻。如今，我恍然大悟，这就是"亲其师，信其道"。我记得那时候的晚上或者周末在家批改试卷，看到反复讲过的知识点学生依旧错误百出，我总是会和妈妈发几句牢骚。妈妈会笑眯眯地说："教书不要着急，学生这次不会，下次你再讲一次。高一不会，到了高二他（她）长大了一点儿，说不定就会了。若是班上有个别学生实在是不会，那就算了。不可能要求人人都会，只要这个孩子不讨厌读书你就成功了。"我伟大的妈妈啊，这是她20多年前说的话，多么质朴无华。那个年代，还没有人能说出"静待花开""培养身心健康的普通劳动者"这样的金句，我的妈妈却用她自己的语言阐释了教育的真谛，让我受益终生。

日子过得很快，我教书第三年了，第四年了……今年是第二十三年了。无论是当年未嫁，还是结婚成立自己的家庭，自离开故土在深圳开创新的生活，每周我都会给妈妈打上一两次电话。我们什么都说，说学校、说老师、说学生、说各自的生活……妈妈总是静静地听，时不时地来上几句，让我如醍醐灌顶、茅塞顿开。她的话陪伴着我一路走来，我从学校最年轻的教师成长为深圳市名师、工作室主持人、年度教师和特级教师。我也喜欢将妈妈的话和同事们分享，他们都笑着说，静姐，你写一本书，就叫作《妈妈说》好了。我真的想哪天空闲下来，将妈妈和我聊天说的话整理下来，做个纪念。

一年一度的教师节又快到了，这是所有教师的节日，更是我们家的节日，因为我的爸爸妈妈，我和我的先生，我们都是光荣的人民教师。再次感谢妈妈的培养，我们要牢记"教书育人"的使命，铭记"师范"二字的重任，一代代传承下去。时代在变化，做教师，不再被简单地描写成"园丁""蜡烛""人类灵魂的工程师"。我们不再悲壮，不再苦情，我们是幸福的，我们是优秀的——优秀的我们要培养更优秀的人！

2018年9月

在台湾的日志

2018年12月10日

上午，台北。大巴从忠孝路穿过，来到台北市立大学。上午在这里，我们举办了开学典礼，互赠礼物，然后台湾海洋大学的许藤继教授做了"学校教学辅导理念与实务"讲座。乍一听，我以为是对学困生的辅导，慢慢听来，是针对新入职教师以及部分教学有困难的教师，如何形成一个辅助、帮扶的学校内部共同学习体系。下午在台湾师范大学，张素贞教授以自己四十多年的教学体验，和大家分享了教师专业发展的意义。确实，自带成长加速器的教师难能可贵，但是我们更要关注那些刚入职的"菜鸟"，帮助他们尽快了解和掌握教师、教育这个行业的基本规律，逐渐形成自己的教学风格和一点点深层次的教育哲学。台湾的"做一个平凡人"的理念，扎根于普通人的小确幸，但是在低调、平凡、普通、无欲无求、无为而治的同时，我们更要坚守做人和做事的原则。教师最重要的职业本真就是有爱和用心。有了爱，用了心，教师就会认认真真对待每一节课、每一个孩子、每一张试卷、每一位家长、每一位同事。同时，台湾没有career ladder，我们的职称评聘制度虽然也有需要改进的地方，但是目前来说还是能够促进教师的self-improvement的。

2018年12月11日

台湾研学第二天。今天的跨度很大，从小学跨到高中。上午在东门小学，谢校长、张老师的发言让人感动。我感受到了她们对工作的热爱，以及作为小学阶段教育者的爱心、耐心、包容心和静待花开的陪伴之心。下午的新竹市私立曙光女子高级中学特别温馨。姚校长优雅、知性、幽默。在享受水果、咖啡、甜品的同时，我们更是享受了一场视觉盛宴，观看了学校宣传视频，还走进了高三英语阅读课堂。课堂主题是 reading comprehension skills。上课的是一位年轻的女教师，口语很fluent，original。没有看到PPT，没有特别"高大上"的教学环节，就是一句一句、一段一段慢慢地在讲，在分析。课文读完，mind map 也出来了，留给学生做summary。很质朴的课堂氛围。

无论上午的小学，还是下午的高中，教师们都很享受在一起研学的日子。淡淡的微笑，嗲嗲的台语。岁月静好。

最后提一下蓝敏老师的寻亲记，她找到失散多年的亲人。替她开心——A big big surprise and gift。

2018年12月12日

上午在台中一中（台中第一高级中学）。与昨天的新竹女子高中风格不一样，台中一中给人以阳刚之感。印象深刻的是学校各种特色班级的建设，有资优班、科学班、美术班等，尤其它的国际教育这一块儿办得很好。学生借助学校搭建的平台，能走出宝岛，与其他学生形成学习和交流共同体。学校培养的是未来跨文化交际的精英人才。陈校长谈到学校建设时，更是将自信和自豪都写在脸上。感觉得出他不是一位迂腐守旧的人。他谈到要让学生提早知道艺术类人才的未来职业发展的不易，很有生涯规划设计的理念。

下午在另一所学校的初中部，感受它的校园文化建设，闽南语的歇后语在校园长廊上随处可见，短短的几句话充满人生哲理，有点像《增广贤文》，这就是润物细无声、春风化雨的感染力。此外，学校的阅读文化也做得很好。我印象最深刻的是每个孩子都有一张"阅读护照"。这样，阅读就落到了实处，这张卡也是孩子们的阅读成长记录。非常棒，很用心。

接下来九年级的英语课引入了iPad。这是大数据时代的一个课堂新变化。教师可以第一时间收集和反馈学生在课堂上的各种表现，大大提高了课堂效率和精准性。我所在的深圳市龙岗区凤凰山小学在5~7年前就大胆尝试做了这件事情，他们的电子书包行动还上了《新闻联播》。当然，这些都只是教学辅助工具，高科技可以提供帮助，但是无法替代校园里师生之间最本真的关系。

2018年12月13日

下午在鼓山高中交流学习。庄校长的关于台湾新课程改革的专题发言让我非常感动。他是一个具有大情怀、怀着一颗悲悯心的教育者。台湾在20世纪60~80年代作为世界超级代加工厂，整个社会文化的关注点是统一化、标准化。但是进入21世纪后，需要改变，要有创新精神。这是新课程改革的时代背景，因此，学校的责任和目的是为社会培养各种人才，而不是考试机器。确实是这样，东亚地区独有的考试文化，让社会、家庭都关注学生的智能培养和解题能力。但是，我们不可以为了让那5%的精英学生上重点大学而忽视95%的孩子的未来，后者才是未来承担最多社会责任的劳动者。所以，高中的教育应该在应试教育和素质教育之间找到一个切入点，这就需要学校和教师观念的改变。学生的个体差异性、多元发展的潜力，引发我们对学生的个性化培养和过程性评价的多元性。毕竟，我们要培养未来身心健康的合格的社会劳动者。

2018年12月14日

感悟一：上午在楠梓特殊学校，眼泪似乎就没有停过。被孩子们的努力感动，更被特教老师们的付出感动。有一句话是说，每个孩子都是上帝派来的天使，我们要做的就是善待这些可爱的天使。所以楠梓的老师们才会设计出富有个性的课程，才会有在街心公园的after-school activity。我有幸在十年前教过两位需要特殊关怀的孩子。一个脑瘫，不能流利说话，手不能握笔。一个几乎失明，放大镜也起不了什么作用。不懂特教的我，就是傻乎乎地答应他们的一个个个性化的要求，陪着他们把每一个字写好，把试卷和课本的每一个字看清楚。如今，两个学生都是博士毕业，一个在深圳，一个在美国。我想，当年的陪伴就是作为老师最长情的表达吧。

感悟二：下午的小学参观，校长谈到了要把福山小学打造为幸福的转运站。多好啊。学校就像是一个转运站，孩子们在六年的校园生活中，得到教化，命运得以转变。而所有的这一切怎么实现？两个字：课程。无论是特教还是普教，所有的教育问题都可以通过课程得到解决。

对上以敬；
对下以慈。
对人以和；
对事以真。

总结：

五天的研学交流，我参观了小学、初中、高中、大学，涉及普教、特教。从新竹曙光女子高中姚校长的儒雅幽默，台中一中陈校长的威武自信，到东门小学舞蹈老师宋老师的温柔专业，到鼓山高中不知名的老师帮我们楼上楼下耐心配齐各学科各学段的教材，再到福山小学英语课堂上老师和孩子们脸上纯真的笑容，处处都体现了人的温度、人的温暖。有人说，我们将给孩子们一个什么样的未来，取决于我们培养什么样的孩子给未来世界。是啊，那要怎么去培养呢？当然是给孩子们创造一个看得到人、看得到仁的校园。

2018年12月

附 录

来自孩子们自己的智慧的分享

——（3）班"深一模"后心得分享

（1）阅读轻声读，可帮助集中注意力。
（2）阅读选项要回原文找理由、支持句。
（3）完形填空要关注带情感的词。
（4）二选一时，若模棱两可，选不想选的。
（5）语法、单词平时多记录（尤其易错的），考前看一看，考时可回忆。
（6）作文尽量用自己会的单词，宁简单勿错误。
（7）记背作文多用句型，并有意识地在作文中使用。
（8）有计划性地进行作文单句练笔。
（9）多记词汇，记录常用词汇。
（10）每天花15~30分钟做题。

——妖媚

我提一个技巧吧。

记上10个左右觉得很好而且容易用上的单词或短语，提醒自己写大小作文时用上。

考试前记熟点，然后发了草稿纸马上把这10个单词或短语写下来。

随着复习，这10个单词或短语可以不断改，最后高考的时候那10个单词或短语就是很好的东西了。

——Miracle

我认为，英语到高三一定要重点抓阅读理解和完形填空。不仅因为它俩分重，还因为阅读是培养语感的最好方法，完形填空培养我们用英语思维。

我觉得，不管你的英语多好、多差，每天保证一定的做题量很重要。我的话，高三前期多阅读，少做题不等于不做题；高三中期对半开；高三后期多做题，摸规律。还有一句很重要，多记单词，一些词语的辨析也很重要。

总之，我觉得英语还是比较好学的，付出就会有收获。

——夹子

高三第二个学期开始，我每天都要做的事就是做一篇完形、一篇语法填空，再加几篇阅读，不知不觉中真的会有很大进步的。老师每回发了范文，我总会把它抄一遍，更重要的是，把里边的好词句记在笔记本上。方法很简单，坚持才是王道。

——Lizzy

喜欢上一个喜欢英语的人，然后经常和他/她用英语交流，让自己的生活充满了英语。多看美剧和电影，没了。

——ADONAI

多听英文歌，背歌词。

——小软

（1）词汇和短文早晚都要背。先读熟后，再尝试背诵。背到哪卡住了，就看哪里（强化）。这样背最有效，当然也最累。

（2）高考复习是场马拉松，所以不要一下子用光自己的能量，要计划好全程。我就是刚开始几个月太用功，所以后来觉得疲惫的典型。

（3）不要一个人走过高三，与人相互扶持才能够跨越风雨。极少有人能够独自一人走完全程，朋友能够提升你心的强度，同时减少你悲伤的时间，使你能更有效地学习。

（4）最后，不论准备高考时发生了什么，还是高考中发生了什么，只要你本人不认为那会对你的高考造成太大影响，那就不会有事。也就是说，即使发生了意外，只要你不把它当回事，集中精力在能够做的事情上，就会使损失减到最小。

——梁文红

小李勇（班主任）跟我说过："你如果高考紧张了，并不一定会发挥失常。会因紧张而导致发挥失常的人，都是认为紧张会影响到自己的人。"

——吖尚

（1）先看单词，特别是出现频率特别高的，这些高频词我平时都是会总结的。

（2）我觉得读文章有点瞎。我是挑好句子背的，剩下一点时间最好背总结性或开头的句子，就是那种万能的，哪都能套用的那种，不过这也是要靠平时积累的。

（3）剩下的几天我翻出了以前的试卷，把完形和语法的常填单词记了一遍，还有就是把特殊的介词默写了一遍，一个晚上就搞定了。最后就做完形和语法填空题（5篇左右）。

——小狒狒

英语不用做很多题，需要每天阅读一篇文章，重要的是记笔记，更重要的是每星期回家要复习笔记。作文在高三刚开始时就要开始准备，多背范文。

——*Shark

我学英语没什么特定的方法，我喜欢英语，尤其喜欢阅读。总而言之，我觉得，阅读就是高中英语的生命线。多读，不管是文章还是句子，就多多少少可以学些表达方法，进而提高理解能力。

——Kendrick

高考英语就是考查词汇、句型。做阅读题重要的是让自己的思想尽可能向作者靠近，不然就算整篇文章读得很顺利，每个单词都懂也很难全对。

——总理

我觉得考英语要保持手感，每天都要做题，完成规定任务，如每天做1道完形填空题、1道语法填空题和2篇阅读理解题。一天也不能停。还有不懂的词、句要勤查。要多看英语电影，多听英文歌曲，这对口语超有用。多看英语文章，如英语报纸杂志上那些。将一些作文常用好词好短语记在本子上，考试前翻翻。

——M.J.

练习每天都少不了，不做题的时候大量阅读，用英语解释英语。

——徒弟

学好该学的，做好该做的，背好该背的，如果相信老师的话就放心地跟着老师走。但是不能盲目，要知道自己缺什么，自己要什么，最好要有自己的计划或者目标。

——Mr. H/Σ

下定信心逐一攻破，鼓起勇气加大弹药。要练完形，就在一段时间内（如一个星期）做大量的完形，然后总结，写出出错的地方所填词语的词性（名、动、形、副等）。语法则注意静下心来分析空格在句中的成分，以及句子的时态、语态。要专一，不要做一下完形又做一下语法，跳来跳去而不总结，这样还不如不做。知己知彼，百战不殆。要知道自己为什么错。哪里不会补哪里。So easy!

——Bingo

说什么都是假的，坚持到最后才是王道。学习是一个见效慢的过程，所以必须有坚定的信念，坚信有付出一定有收获。坚持到最后——最后指的是走出高考考场的1个小时以后。

——Andy

短信，传递龙城师生情谊

——教师节短信集结号（部分）

1. Dear 小方姐姐：I feel very grateful for your concern and help. It's you that take me out of sorrow and give me the strength to fight setbacks. At this time of Teachers' Day, let me show my great appreciation to you! Forever young and happy every day!

——2007—2008年高三（甲2）班学生

2. 小方：祝你教师节快乐，牙齿年年晒太阳。

——2006—2007年高三（A1）班学生

3. 小方——很喜欢你的可爱和你对生活的态度，亦师亦友。感谢你高一的陪伴（爱你哦）。祝教师节快乐。

——2008—2009年高一（1）班学生

4. 小方——谢谢你在我遇到困难的时候安慰我，关心我，帮助我出主意。在过去的半年里，我也成长了许多。你不但是我的老师，更是我的好朋友——教师节快乐哦。以后更要天天快乐。

——2006—2007年高三（A6）班学生

5. 高二开学第一天英语晚读，在广播里听到你的声音了，好兴奋啊！教师节快乐！

——2008—2009年高一（3）班学生

6. 小方——我在校内网的同学聚会照片上看到你了，你还是那么可爱年轻！想你了，也想龙城！教师节快乐。国庆相聚！

——2005—2006年高三（A4）班学生

7. 小方——此时此刻，不舍小方，不舍龙城！教师节快乐。

——2008—2009年高三（A1）班学生

8. 小方——You are the best teacher going into my heart! Happy Teachers' Day!

——2008—2009年高一（3）班学生

9. 老师——超级想念你！你说我变了，是不是晒黑了好多？暑假去遵义比赛晒黑了。送你一个小挂件，我都想好了，和你的那个绿色U盘很相配哦！教师节快乐！

——2008—2009年高一（3）班学生